밥, 파스타와 잘 어울리는 원 플레이트 디시
프라이팬 라구

FRYING PAN NIKOMI
© YOKO WAKAYAMA 2019
Originally published in Japan in 2019 by SHUFU-TO-SEIKATSU SHA CO., LTD., TOKYO,
Korean translation rights arranged with SHUFU-TO-SEIKATSU SHA CO., LTD., TOKYO,
through TOHAN CORPORATION, TOKYO, and Eric Yang Agency, Inc., SEOUL.

ART DIRECTION·DESIGN: YUKO FUKUMA
PHOTOGRAPHY: MIYUKI FUKUO
STYLING: YOKO IKEMIZU
COOKING ASSISTANT: FUMIE OZAKI, MAYO SUZUKI, MINAMI HOSOI
COVER: MIDORI NAKAYAMA
REVIEW: SORYUSHA
EDITING: AKIKO ADACHI

이 책의 한국어판 저작권은 EYA(Eric Yang Agency)를 통한 SHUFU TO SEIKATSU SHA와의 독점계약으로
(주)북핀이 소유합니다.
저작권법에 의하여 한국 내에서 보호를 받는 저작물이므로 무단전재 및 복제를 금합니다.

FRYING PAN RAGOÛT

프라이팬 라구

머리말

저를 포함한 많은 사람에게 가장 친숙한 조리도구는 프라이팬이 아닐까요? 평소에 자주 프라이팬을 사용하지만 저는 사실 볶음 요리는 별로 하지 않습니다. 기름을 아끼려는 버릇 때문인지, 가스레인지 화력이 부족해서인지, 아니면 제 팔의 힘이 부족해서인지. 중국집 요리처럼 맛깔스러운 볶음 요리를 만들기는 참 어려워요.

대신 재료를 볶고 약간의 물과 크림으로 푹 끓이는 요리를 자주 만듭니다. 프랑스에서는 이걸 프리카세(fricassée)라고 부르는데, 흰 크림소스를 넣고 끓인 요리를 일컫는 말이에요. 먼저 고기나 생선을 껍질이 노릇해질 정도로 살짝 굽고, 이후에는 푹 끓이기만 하면 돼서 불 조절을 크게 신경 쓸 필요도 없습니다. 프라이팬을 씻지 않고 이어서 재료를 넣으니, 고기와 생선의 맛이 배가되지요. 설거짓거리가 적은 것도 큰 장점입니다. 다시 데워서 먹을 때는 물만 조금 넣으면 돼요. 처음 만들었을 때보다 시간이 지날수록 더더욱 맛있어지는 요리입니다.

무엇보다 좋은 건 프라이팬의 표면적이 크다는 점입니다. 금방 불기운이 프라이팬 전체로 퍼지기 때문에 프리카세 뿐만 아니라 쓱 하고 간단히 끓여 만드는 요리에도 사용하기 좋은 도구지요.

이 책의 제목인 라구(RAGOÛT)란 프랑스나 이탈리아에서 즐겨 먹는 '가볍게 푹 끓인 요리'라는 뜻입니다. 프라이팬 하나로 보글보글 끓여주면 금방 완성되는 원 플레이트 디시지요. 밥에 얹어 먹거나 파스타나 빵과 곁들여 먹으면 아주 맛있답니다. 시간은 별로 없고, 속은 든든히 채워 먹고 싶을 때 제가 자주 만드는 메뉴들로 구성해보았어요. 이 책을 통해 여러분이 라구의 매력을 알게 되었으면 좋겠습니다.

와카야마 요코

CONTENTS
FRYING PAN RAGOÛT

머리말 … 5
라구를 만들기 전에 … 8
라구와 어울리는 다양한 밥 … 9
기본 라구를 만들자! … 10

Chapter.1 SIMPLE RAGOÛT 간단 라구

1. 닭 허벅지살과 레몬 크림 라구 … 14
2. 닭 허벅지살과 방울토마토 라구 … 15
3. 삼겹살과 배추, 일본식 라구 … 16
4. 베이컨과 브로콜리, 까르보나라 라구 … 17
5. 다진 고기와 뿌리채소, 일본식 볼로네제 라구 … 18
6. 다진 돼지고기와 버섯 라구 … 19
7. 햄과 배추, 우유 라구 … 20
8. 삼겹살과 양배추, 마늘 된장 라구 / Side dish 무와 팽이버섯 매실 무침 … 26
9. 소시지와 양배추, 사워크라우트 라구 / Side dish 양송이버섯 샐러드 … 28
10. 두부 김치찌개 라구 / Side dish 오이와 차조기 참기름 볶음 … 30

Chapter.2 MEAT RAGOÛT 고기 라구

1. 닭봉 파프리카 라구 … 34
2. 닭 허벅지살과 아보카도, 그린 카레 라구 … 35
3. 닭고기 경단과 호박 크림 라구 … 36
4. 닭 허벅지살과 고구마, 고르곤졸라 라구 … 37
5. 돼지고기와 토란과 매실, 갓 라구 … 38
6. 돼지고기와 사과, 화이트와인 라구 … 38
7. 삼겹살과 무와 붉은 된장, 카레 라구 … 39
8. 허브와 토마토, 햄버그 스테이크 라구 … 39
9. 돼지 안심과 채소, 발사미코 라구 … 40
10. 프룬 돼지고기말이와 레드와인 라구 … 41
11. 다진 고기와 가지와 피망, 바질 라구 … 42

12. 콜리플라워 드라이 카레 라구 … 43
13. 칠리 콘 카르네 라구 / `Side dish` 아보카도와 적양파 샐러드 … 54
14. 루로우판 라구 / `Side dish` 무 수프 … 56
15. 소고기와 버섯, 해시드 비프 라구 / `Side dish` 아스파라거스와 달걀 샐러드 … 58
16. 소고기와 무, 유자 후추 라구 / `Side dish` 경수채와 뱅어 샐러드 … 60

Chapter.3 FISH & SEAFOOD RAGOÛT 해산물 라구

1. 연어와 매실 크림 라구 … 64
2. 청새치와 토마토, 올리브 라구 … 65
3. 흰살생선과 더우츠 라구 … 65
4. 새우와 토마토 크림 라구 … 66
5. 새우와 표고버섯, 당면 라구 … 67
6. 바지락과 소송채, 마늘 라구 … 67
7. 가리비와 무와 감자, 두유 라구 … 68
8. 오징어와 렌틸콩, 커민 라구 / `Side dish` 당근과 오렌지 샐러드 … 76

Chapter.4 VEGETABLE, TOFU, BEANS RAGOÛT 채소, 두부, 콩 라구

1. 콜리플라워와 벚꽃 새우, 마늘 라구 … 80
2. 라따뚜이 라구 … 81
3. 호박과 고구마와 앤초비, 버터, 레몬 라구 … 81
4. 일본식 마파두부 라구 … 82
5. 두부 새우 경단과 순무 라구 … 83
6. 베트남식 두부튀김 토마토소스 라구 … 84
7. 렌틸콩 코코넛 카레 라구 / `Side dish` 오크라와 양하 무침 … 90

Chapter.5 SPECIAL RAGOÛT 스페셜 라구

1. 다진 고기로 채운 순무와 드라이 토마토 라구 … 94
2. 새끼양 갈빗살 타진 라구 … 95
3. 새우와 흰살생선, 부야베스 라구 … 96
4. 흰살생선과 칠리 새우, 달걀 볶음 라구 … 97
5. 굴과 시금치, 크림 소스 라구 / `Side dish` 감자와 케이퍼 샐러드 … 102

라구를 만들기 전에

> 알아두기

- 액상류 1컵은 200mL, 쌀 1컵은 180mL, 1큰술은 15mL, 1작은술은 5mL입니다.
- '한 꼬집'은 엄지, 검지, 중지의 세 손가락으로 가볍게 잡은 양을 말합니다.
- 올리브유는 '엑스트라 버진 올리브유', 소금은 '게랑드 소금', 후추는 굵은 후추, 육수는 다시마나 가다랑어포로 낸 것을 사용하였습니다.
- 전자레인지 가열 시간은 600W 제품을 기준으로 하고 있습니다. 500W의 경우, 1.2배 정도의 시간을 두고 조리하면 됩니다. 제품 기종에 따라 다소 차이가 날 때가 있습니다.

프라이팬

이 책에서는 지름 24~26cm, 바닥 폭 18~20cm, 깊이 4~5cm의 불소수지가공이며 뚜껑이 딸린 프라이팬을 사용하고 있습니다. 라구는 스튜 요리이기 때문에 조금 깊이가 있는 제품을 추천합니다. 프라이팬은 표면적이 넓고 수분이 증발하기 쉬워서 국물이 적어지면 조미료가 아니라 물을 넣어 양을 조절해야 합니다.

조미료

소금은 부드러운 맛을 가진 '게랑드 소금'(과립), 후추는 필요시에 통후추를 그때마다 갈아서 사용하고 있습니다. 화이트와인은 쉽게 구할 수 있는 것으로도 충분하지만, 단맛이 적고 알싸한 맛이 나는 종류를 추천합니다. 치킨 스톡은 화학조미료가 들어가지 않은 과립 타입을 사용했습니다. 생크림은 유지방분 40% 제품을 사용해도 좋고, 졸이는 과정이 있으므로 35% 제품을 사용해도 괜찮습니다.

라구와 어울리는 다양한 밥

라구를 얹어 먹으면 맛있는 다양한 밥을 소개합니다.
버터나 향신료, 견과류의 맛을 더하면 더욱 만족스러운 요리로 완성됩니다.

파슬리 필라프

은은한 버터 향이 나는 필라프에 파슬리의 풍미가 맛의 악센트를 줍니다.

재료 (만들기 쉬운 분량)
- 쌀(씻은 것) … 2컵(360mL)
- A
  - 다진 양파 … 1/2개
  - 육수(고체 스톡) … 1/2개
  - 버터 … 1작은술
  - 월계수 잎(있으면) … 1장
- 다진 파슬리 … 2큰술

전기밥솥에 평소 밥을 지을 때처럼 물 조절한 쌀과 A를 넣고 밥을 짓는다. 밥이 다 되면 그릇에 담고 파슬리를 뿌린다.

당근 필라프

당근의 단맛과 콩소메*로 맛을 낸 주황빛 색감이 예쁜 밥입니다.

재료 (만들기 쉬운 분량)
- 쌀(씻은 것) … 2컵(360mL)
- 다진 당근 … 1개
- 육수(고체 스톡) … 1/2개
- 버터 … 1작은술

전기밥솥에 평소 밥을 지을 때처럼 물 조절한 쌀과 나머지 재료를 넣고 밥을 짓는다.

*고기와 채소를 넣어 우려낸 후 맑게 걸러낸 수프.

견과류 라이스

견과류의 바삭한 식감과 고소한 맛에 커민 시드의 향이 더해져 식욕을 돋웁니다.

재료 (2~3인분)
- 밥 … 2공기 분량
- A
  - 슬라이스 아몬드(볶은 것) … 1큰술
  - 커민 시드(볶은 것)* … 1작은술
  - 소금 … 1/3작은술
- 흰 통참깨(볶은 것) … 약간

*53페이지 참조

밥에 A를 넣고 가볍게 섞어 그릇에 담은 후 흰 통참깨를 뿌린다.

레몬 라이스

레몬의 산미에 버터를 섞어서 만들었어요.
갈아낸 레몬 껍질의 맛이 상큼함을 더해줍니다.

재료 (2~3인분)
- 밥 … 2공기 분량
- A
  - 버터 … 1작은술
  - 레몬 껍질(왁스칠 하지 않은 것·간 것) … 1/6개
  - 간 마늘 … 약간
- 소금 … 1/3작은술
- 레몬즙 … 1작은술

내열 용기에 A를 넣고 전자레인지로 가열하여 버터를 녹인다. 밥에 A와 소금을 넣어 섞은 다음 레몬즙을 뿌린다.

BASIC RAGOÛT
기본 라구를 만들자!

프라이팬으로 라구를 만들 때 가장 큰 장점은 고기를 제대로 구워낼 수 있다는 점입니다.
닭고기를 껍질째 바싹 구운 후에 끓이면 고소해지고,
와인을 곁들여 조리하면 그윽한 풍미를 낼 수 있습니다.
프라이팬의 널찍한 바닥 덕분에 열기도 잘 전달되어 수분도 빨리 날아가지요.
마지막으로 생크림을 추가하여 강불로 걸쭉하게 끓이면 완성입니다.

닭 허벅지살 머스터드 크림 라구

재료 (2~3인분)

- 닭 허벅지살 … 2개(500g)
  - 소금 … 1/3작은술
  - 후추 … 약간
- 양파(1cm 폭으로 썬 것) … 1/2개
- 화이트와인 … 4큰술
- 홀그레인 머스터드, 간장 … 각각 1큰술
- 생크림 … 1/4컵
- 올리브유 … 약간

1 닭고기를 굽는다.

주방용 가위로 닭고기의 지방을 제거한 후, 한 개 당 삼등분하여 썰고 소금과 후추를 뿌려 밑간한다.

프라이팬에 올리브유를 두르고 달궈준 다음, 닭고기를 껍질 면부터 올려 강불에 굽는다.

고기에서 나오는 기름은 키친페이퍼로 닦아낸다.

가장자리에 양파를 넣고 같이 볶는다.

2 화이트와인을 넣고 끓인다.

닭고기 껍질이 노릇하게 구워지면 뒤집어서 가볍게 구운 후, 화이트와인을 넣고 보글보글 끓인다.

3 뚜껑을 덮고 끓인다.

간장에 홀그레인 머스터드 섞은 것을 넣어 섞고

프라이팬 뚜껑을 덮어 약한 중불에서 5분 정도 끓인다.

*수분이 잘 날아가므로 국물이 부족할 경우 물을 더 넣는다.

4 생크림을 섞는다.

뚜껑을 열고 생크림을 넣어 강불로 걸쭉해질 때까지 푹 끓인다.

*생크림 대신 버터 1큰술을 넣어도 좋다.

*다시 데워 먹을 때는 물을 조금 더 넣어 농도를 조절한다.

FRYING PAN RAGOÛT

Chapter.1
SIMPLE RAGOÛT

🍳 간단 라구

쉽게 구할 수 있는 식재료로 만들고 활용도가 아주 높은 라구 레시피 10가지를 소개합니다.
프라이팬으로 라구를 만들면 조리하는 시간도 단축할 수 있고, 골고루 균일하게 익힐 수 있어 재료들이 더 맛있어집니다. 잘 익지 않는 식재료는 먼저 가볍게 볶는 것이 요령이며, 이렇게 하면 적당히 기름기가 돌아 고소하고 더욱 깊은 맛이 스며듭니다. 흰 쌀밥에 잘 어울리는 레시피이지만, 간편하게 파슬리 라이스나 필라프를 만들어 얹어 먹는 것도 추천합니다.

1. 닭 허벅지살과 레몬 크림 라구
Chicken in Lemon Cream

바싹 구운 닭고기 껍질의 고소함이 라구의 맛을 결정합니다.
푹 끓이면 맛있는 육즙이 나오는 버섯은 레시피에서 쓰인
양송이버섯 외에 새송이버섯이나 만가닥버섯을 써도 좋습니다.
레몬은 오래 끓이면 떫은맛이 나기 때문에 제일 마지막에 넣어주세요.

레시피 ▶▶▶ p.21

2. 닭 허벅지살과 방울토마토 라구
Chicken with Cherry Tomatoes

토마토는 익히면 단맛과 향이 더해져 맛있는 소스로 만들어집니다.
단맛이 강한 방울토마토를 추천하지만,
껍질이 싫다면 일반 토마토를 사용해도 좋아요.
허브는 바질이나 오레가노, 또는 차조기를 써도 좋습니다.
발사미코 식초로 마무리하면 산미와 감칠맛이 더해져요.

레시피 ▶▶▶ p.21

3. 삼겹살과 배추, 일본식 라구
Pork & Chinese Cabbage with Ginger

돼지 삼겹살, 배추, 팽이버섯, 생강을 겹겹이 쌓아 푹 끓이면
부드러워진 배추에 감칠맛이 배어 더욱 맛이 깊어집니다.
간단하게 소금과 술로만 간을 했기 때문에,
먹을 때 시치미*나 초귤, 혹은 유자 후추를 뿌려 먹어도 맛있어요.
다음 날 배추의 숨이 죽어 한층 부드러워지면 맛도 더욱 좋아집니다.
(* 고춧가루 등 일곱 가지 향신료 가루를 섞은 일본식 조미료)

레시피 ▶▶▶ p.22

4. 베이컨과 브로콜리, 까르보나라 라구
Carbonara with Bacon and Broccoli

베이컨, 달걀, 생크림, 치즈를 섞어 만든
모두가 좋아하는 까르보나라 스타일 라구입니다.
브로콜리는 듬뿍 넣어주세요. 부드러워진 브로콜리가 아주 맛있거든요.
콜리플라워나 아스파라거스, 양배추, 감자를 넣어 만들어도 맛있게 완성됩니다.

레시피 ▶▶▶ p.22

5. 다진 고기와 뿌리채소, 일본식 볼로네제 라구

Japanese-Style Bolognese with Minced Beef and Pork & Root Vegetables

우엉과 만가닥버섯의 맛이 입 안 가득 퍼지는 라구입니다.
레드와인을 더해 감칠맛을 낸 동서양 퓨전식이기도 하지요.
뿌리채소와 버섯이 한 종류씩 들어가면 잘 어울리기 때문에
연근과 표고버섯을 넣어 만들어도 맛있습니다.
파스타 소스로 사용해도 좋아요.

레시피 ▶▶▶ p.23

6. 다진 돼지고기와 버섯 라구
Minced Pork & Mushroom in White Wine

다진 돼지고기를 양파, 빵가루, 물 등과 섞어 반죽한 다음
양송이버섯과 섞어 푹 끓이면 맛이 깊숙이 배어듭니다.
버섯은 조리하면 부피가 줄어드니까 듬뿍 넣어주세요.
양배추나 배추 등을 넣어도 맛있게 만들어지며
마지막에 간장을 뿌리면 훌륭한 밥도둑이 됩니다.

레시피 ▶▶▶ p.24

7. 햄과 배추, 우유 라구
Ham & Chinese Cabbage in Milk

우유로 푹 끓인 배추의 부드러운 단맛에
햄과 가리비 통조림을 섞어 깊은 맛을 더했습니다.
배추는 흰 줄기 부분을 먼저 버터로 볶고 밀가루를 뿌리면
익히는 과정에서 국물이 걸쭉해집니다.

레시피 ▶▶▶ p.25

SIMPLE RAGOÛT

1. 닭 허벅지살과 레몬 크림 라구
Chicken in Lemon Cream

재료 (2~3인분)

- 닭 허벅지살(4등분하여 자른 것) … 2개(500g)
  - 소금 … 1작은술
  - 후추 … 약간
  - 밀가루 … 1큰술
- 양파(얇게 썬 것) … 1/2개
- 양송이버섯(세로 반으로 자른 것) … 1팩(100g)
- 화이트와인 … 4큰술
- 생크림 … 1/2컵
- 레몬즙 … 1큰술
- 레몬(얇게 썬 것) … 3장
- 올리브유 … 약간
- 버터 … 1작은술

만드는 방법

1. 닭고기는 소금과 후추를 뿌려 밑간하고 밀가루를 묻힌다. 프라이팬에 올리브유를 두르고 달궈준 다음, 닭고기를 껍질 면부터 올려 강불로 굽는다. 껍질이 노릇하게 구워지면 뒤집어서 가볍게 굽고 꺼낸다. 고기에서 나오는 기름은 키친페이퍼로 닦아낸다.

2. 버터, 양파, 양송이버섯을 넣고 약한 중불로 볶다가 숨이 죽으면 꺼내둔 닭고기와 화이트와인을 넣고 끓인다. 이어서 물 1/4컵을 넣고 뚜껑을 덮어 약한 중불로 5분 정도 끓인다.

3. 생크림을 넣고 불의 세기를 올려 걸쭉하게 조리고 소금, 후추(분량 외)를 넣어 간을 맞춘다. 레몬즙과 레몬을 넣어 가볍게 끓인다.

2. 닭 허벅지살과 방울토마토 라구
Chicken with Cherry Tomatoes

재료 (2~3인분)

- 닭 허벅지살(3등분하여 자른 것) … 2개(500g)
  - 소금 … 1작은술
  - 후추 … 약간
- 방울토마토(세로 반으로 자른 것) … 1팩(200g)
  * 일반 토마토 2개(대강 자른 것)도 사용 가능.
- 으깬 마늘 … 1쪽
- 화이트와인 … 1/4큰술
- 타임(생으로 잘게 찢은 것) … 1줄기
- 발사미코 식초 … 1작은술*
- 올리브유 … 1큰술

*50페이지 참조

만드는 방법

1. 프라이팬에 올리브유를 두르고, 마늘을 넣어 약불로 볶다가 향이 나면 소금, 후추로 밑간한 닭고기를 껍질 면부터 올려 강불로 노릇하게 굽다가 뒤집는다. 고기에서 나오는 기름은 키친페이퍼로 닦아낸다.

2. 화이트와인을 넣어 보글보글 끓인 다음, 방울토마토, 타임을 넣어 뚜껑을 덮고 약한 중불로 3분 정도 더 끓인다.

3. 뚜껑을 열고 불의 세기를 올려 5분 정도 바짝 조린 다음 발사미코 식초를 넣어 섞는다.

타임 고기 요리나 생선구이, 또는 조림 요리에 자주 쓰이는 상쾌한 향의 허브. 토마토와 크림, 화이트와인이 들어간 조림 요리에 잘 어울립니다. 한 번에 다 사용하지 못하면 건조시킨 후 보관해 주세요.

3. 삼겹살과 배추, 일본식 라구
Pork & Chinese Cabbage with Ginger

재료 (2~3인분)

- 얇게 썬 돼지고기 삼겹살(5㎝ 길이로 썬 것) … 5장(150g)
- 배추 … 1/4포기
  * 배춧잎은 가로 4등분하여 자르고, 줄기는 세로 4등분하여 자른다.
- 팽이버섯(가로로 절반 자른 것) … 1봉(100g)
- 생강(채 썬 것) … 1쪽
- 소금 … 1작은술
- 술 … 2큰술
- 참기름 … 1큰술

만드는 방법

1. 프라이팬에 [배추 줄기→소금 절반과 생강→돼지고기(펼쳐서)와 팽이버섯→배춧잎과 소금] 순서로 겹겹이 쌓는다.
2. 술, 참기름을 넣고 뚜껑을 덮어 약한 중불로 15분 끓인다.

   Tip 5분 정도 더 끓이면 배추의 숨이 죽어 더욱 맛있어요.

4. 베이컨과 브로콜리, 까르보나라 라구
Carbonara with Bacon and Broccoli

재료 (2~3인분)

- 베이컨(3㎝ 길이로 썬 것) … 6장
- 달걀 … 2개
- 브로콜리(작게 나눈 것) … 큰 것 1개
- 마늘(얇게 썬 것) … 1쪽
- 생크림 … 3/4컵
- 파르메산 치즈 … 4큰술
- 소금 … 한 꼬집
- 올리브유 … 1큰술
- 후추 … 약간

만드는 방법

1. 프라이팬에 올리브유를 두르고, 마늘을 넣어 약불로 볶다가 향이 나면 베이컨을 넣어 중불로 가볍게 볶는다. 이어서 브로콜리와 소금을 넣고 기름이 둘러질 때까지 볶는다.
2. 물 1/2컵을 넣고 뚜껑을 덮어 약불로 10분 정도 끓인다.
3. 생크림을 넣고 불의 세기를 올려 걸쭉하게 조리고, 달걀을 넣어 뚜껑을 덮고 1분 정도 더 끓인다. 달걀이 익으면 치즈와 후추를 뿌린다.

   파슬리 버터 라이스(밥 2공기에 다진 파슬리 2큰술, 버터 2작은술, 소금 한 꼬집을 섞는다)를 곁들인다.

5. 다진 고기와 뿌리채소, 일본식 볼로네제 라구
Japanese-Style Bolognese with Minced Beef and Pork & Root Vegetables

재료 (2~3인분)

- 다진 고기(소고기, 돼지고기 섞은 것) … 200g
- A │ 우엉(굵게 다진 것) … 1개(150g)
  │ 만가닥버섯(굵게 다진 것) … 1/2팩(50g)
  │ 다진 양파 … 1/2개
  │ 다진 마늘 … 1/2쪽
- 홍고추(작게 썬 것) … 약간
- 레드와인 … 70mL
- 된장 … 2큰술
- 케첩 … 1~2큰술

만드는 방법

1. 프라이팬을 달군 다음, 다진 고기를 넣고 소금, 후추(모두 분량 외)를 뿌리고 뒤집개로 누르면서 중불로 양면을 바싹 굽고 살살 풀어준다. 이어서 A를 넣고 양파가 투명해질 때까지 볶는다.

2. 레드와인과 홍고추를 넣어 끓인 다음, 물 1/2컵을 넣어 뚜껑을 덮고 끓기 시작하면 약한 중불로 10분 정도 더 끓인다.

3. 된장과 케첩을 넣고 불의 세기를 올려 국물이 없어질 때까지 1~2분 조린다.

SIMPLE RAGOÛT

6. 다진 돼지고기와 버섯 라구
Minced Pork & Mushroom in White Wine

재료 (2~3인분)

- 다진 돼지고기 … 150g
- A │ 다진 양파 … 1/4개
    빵가루 … 5큰술
    물(혹은 우유) … 2큰술
    소금 … 1/3작은술
- 만가닥버섯(찢은 것) … 2팩(200g)
- 팽이버섯(가로로 절반 자른 것) … 1봉(100g)
- 양송이버섯(세로로 절반 자른 것) … 1팩(100g)
- B │ 소금 … 한 꼬집
    다진 마늘 … 1/2쪽
    올리브유 … 1큰술
- 화이트와인 … 4큰술
- 간장 … 1/2작은술
- 이탈리안 파슬리(큼직하게 썬 것) … 적당량

만드는 방법

1. 볼에 다진 고기와 A를 넣고, 찰기가 나올 때까지 치대며 반죽한 다음 지름 12㎝ 정도의 납작한 공 모양으로 뭉친다.
2. 다른 볼에 버섯류와 B를 넣고 손으로 가볍게 무친다. 프라이팬에 [버섯무침 절반→1→남은 버섯무침] 순서로 겹겹이 쌓고, 화이트와인을 더해 뚜껑을 덮고 약한 중불에서 15분 끓인다.
3. 간장을 두르고 그릇에 담는다. 이탈리안 파슬리를 위에 얹고 후추(분량 외)를 뿌린다.

> **Tip** 버섯은 취향에 따라 잎새버섯, 새송이버섯, 표고버섯 등을 써도 좋아요. 총 400g을 쓰면 됩니다.

7. 햄과 배추, 우유 라구
Ham & Chinese Cabbage in Milk

재료 (2~3인분)

- 배추 … 1/4포기
  * 배춧잎은 가로 4등분하여 자르고, 줄기는 세로 4등분하여 자른다.
- A
  - 로스 햄(세로 3등분하여 자른 것) … 5장
  - 익힌 가리비 통조림 … 1캔(작은 것, 65g)
  - 생강(채 썬 것) … 1/2쪽
  - 우유 … 1과 1/2컵
  - 치킨 스톡 … 1작은술
- 밀가루 … 2큰술
- 소금 … 1/3큰술
- 버터 … 1큰술
- 간장, 후추 … 각각 약간

만드는 방법

1. 프라이팬에 버터를 녹이고, 배추 줄기를 넣고 소금을 뿌려 기름이 둘러질 때까지 중불로 볶은 다음, 밀가루를 골고루 뿌린다(ⓐ).
2. 배춧잎과 A(가리비 통조림은 국물째로)를 넣어 뚜껑을 덮고, 약한 중불로 10분 정도 끓인다.
3. 뚜껑을 열고 불의 세기를 올려 걸쭉하게 조리고 간장으로 간을 맞춘다. 그릇에 담고 후추를 뿌린다.

Point

ⓐ 배추는 단단한 줄기 부분을 버터로 볶아 기름이 둘러지면 밀가루를 골고루 뿌려줍니다. 이 과정으로 인해 국물이 적당히 걸쭉해지고 맛도 골고루 스며들게 됩니다.

Side dish
무와 팽이버섯 매실 무침

8.
삼겹살과 양배추, 마늘 된장 라구
Pork & Cabbage in Miso and Garlic

된장, 마늘, 두반장, 고추로 매콤한 감칠맛을 낸 모츠니코미* 스타일 라구입니다.
밥에 얹어 먹거나 두부를 넣어 먹어도 맛있어요.
푸짐하게 들어간 양배추가 속을 든든하게 해줍니다.
(* 소나 돼지, 닭 등의 내장을 된장으로 조린 일본요리)

● SIMPLE RAGOÛT

삼겹살과 양배추, 마늘 된장 라구
Pork & Cabbage in Miso and Garlic

재료 (2~3인분)

- 얇게 썬 돼지고기 삼겹살(5㎝ 길이로 썬 것) … 5장(150g)
- 양배추(5㎝ 크기로 깍둑썰기한 것) … 1/3개
- 부추(3㎝ 길이로 썬 것) … 1/2묶음
- A | 된장 … 2큰술
    간장 … 1큰술
    술 … 2작은술
    두반장, 설탕 … 각각 1작은술
    간 마늘 … 1쪽
    홍고추(작게 썬 것) … 1/3개
- 참기름 … 1작은술

만드는 방법

1. 프라이팬에 참기름을 두르고, 삼겹살을 넣어 중불로 색이 변할 때까지 굽는다. 양배추를 넣어 뚜껑을 덮고 1~2분 푹 찐다.
2. 잘 섞은 A와 물 3/4컵을 넣어 뚜껑을 덮고, 약한 중불로 10분 끓인 다음 부추를 넣고 가볍게 익힌다.

무와 팽이버섯 매실 무침

Side dish

아삭아삭한 무에 매실의 풍미를 더한 팽이버섯을 듬뿍 얹었습니다.
얇은 가다랑어포를 얹고 초귤즙을 뿌려,
밥과 함께 먹으면 맛있는 요리로 완성되었습니다.

재료 (2~3인분)

- 무(채 썬 것) … 7㎝
- 팽이버섯 … 1봉(100g)
- A | 매실 장아찌(다진 것), 간장, 미림 … 각각 1/2큰술
- 가다랑어포, 초귤 … 각각 적당량

만드는 방법

1. 팽이버섯은 뜨거운 물에 가볍게 데친 다음 큼직하게 대강 썰고 A를 넣어 무친다.
2. 그릇에 무를 담고 1과 가다랑어포를 얹는다. 초귤을 곁들이고 먹을 때 즙을 뿌린다.

Side dish
양송이버섯 샐러드

9.
소시지와 양배추, 사워크라우트 라구
Sauerkraut with Sausage

재료를 한 번에 넣고 끓이기만 하면 만들어지는 간편 레시피.
독일식 김치인 사워크라우트 스타일의 양념으로
채 썬 양배추를 담백하게 푹 끓였습니다.
거기에 소시지를 더하면 맛은 배가되지요.
소시지 대신 통베이컨을 넣어 만들어도 괜찮습니다.

● SIMPLE RAGOÛT

9. 소시지와 양배추, 사워크라우트 라구
Sauerkraut with Sausage

재료 (2~3인분)

- 소시지(절반으로 어슷썰기한 것) ··· 큰 것 3개(300g)
- 양배추(채 썬 것) ··· 1/4개
- 마늘(으깬 것) ··· 1쪽
- 화이트와인 비네거 ··· 1큰술
- 치킨 스톡, 올리브유 ··· 각각 2작은술
- 소금 ··· 1/3작은술
- 후추 ··· 약간
- 월계수 잎(있으면) ··· 1장

만드는 방법

1. 프라이팬에 재료를 모두 넣고, 물 1/4컵을 넣어 뚜껑을 덮고 약한 중불로 15분 끓인다.
2. 접시에 담아 홀그레인 머스터드(분량 외)를 곁들인다.

🍴 파슬리 필라프(8쪽 참조)를 곁들인다.

양송이버섯 샐러드
Side dish

이탈리아에서 먹어보았던, 레몬의 상큼함이 도드라지는 샐러드입니다.
생 양송이버섯의 식감을 살리고 치즈로 감칠맛을 냈습니다.

재료 (2~3인분)

- 양송이버섯(얇게 썬 것) ··· 1팩(100g)
- 레몬즙 ··· 1작은술
- A | 올리브유 ··· 1큰술
    | 소금 ··· 한 꼬집
    | 후추 ··· 약간
- 파르메산 치즈, 레몬 ··· 각각 적당량

만드는 방법

1. 볼에 양송이버섯, 레몬즙을 넣고 섞은 다음 A를 넣어 버무린다.
2. 접시에 담아 치즈를 솔솔 뿌리고, 레몬을 곁들여 먹을 때 즙을 짜 넣는다.

Side dish
오이와 차조기 참기름 볶음

10.
두부 김치찌개 라구
Tofu Kimchi jjigae

마른 멸치로 낸 육수와 돼지 삼겹살로 만든 한국식 라구입니다.
먼저 돼지고기를 노릇노릇해질 때까지 볶는 것이 포인트예요.
고기에서 나온 기름기가 김치와 쫑쫑 썬 파에 배이면서 골고루 고기의 맛이 느껴집니다.
된장은 종류별로 염도가 다르므로 맛을 보아가며 추가해 주세요.

SIMPLE RAGOÛT

10. 두부 김치찌개 라구
Tofu Kimchi jjigae

재료 (2~3인분)

- 두부(5㎝ 크기로 깍둑썰기한 것) … 1모(300g)
- 얇게 썬 돼지고기 삼겹살(2㎝ 폭으로 썬 것) … 5장(150g)
- 배추김치(먹기 좋게 썬 것) … 100g
- 파(2㎝ 폭으로 어슷썰기한 것) … 2줄기
- 마늘(얇게 썬 것) … 1/2쪽
- A │ 마른 멸치 … 8마리(10g)
    *마른 멸치는 머리와 내장을 제거하고,
    가능하다면 육수 분량의 물에 하룻밤 불린다.
    물 … 1과1/2컵
- 술 … 2큰술
- 된장 … 2작은술
- 참기름 … 약간
- 쪽파(잘게 썬 것) … 적당량

만드는 방법

1. 프라이팬에 참기름을 두르고 달궈준 다음, 돼지고기와 마늘을 넣고 중불로 노릇하게 볶는다. 이어서 김치와 파를 넣어 가볍게 볶는다.
2. 두부, 술을 넣어 보글보글 끓이다가 A(마른 멸치째로)를 넣고 뚜껑을 덮는다. 끓기 시작하면 약한 중불로 15분 정도 더 끓인다.
3. 된장으로 간을 맞추고, 그릇에 담아 쪽파를 뿌린다.

오이와 차조기 참기름 볶음

Side dish

중화요리점에서 먹어본 후 직접 만들어 보았어요.
참기름으로 볶은 오이에 차조기가 들어가 좋은 향이 납니다.

재료 (2~3인분)

- 오이(군데군데 껍질을 벗기고 대강 썬 것) … 2개
- 차조기(찢은 것) … 5장
- 다진 마늘 … 1/2쪽
- 소금 … 1/3작은술
- 참기름 … 1/2큰술

만드는 방법

1. 프라이팬에 참기름과 마늘을 넣고 약불로 볶는다. 마늘 향이 나면 오이를 넣어 중불로 가볍게 볶은 다음 소금을 뿌린다.
2. 차조기를 넣고 가볍게 볶는다.

FRYING PAN RAGOÛT

Chapter.2

MEAT RAGOÛT

🍳 고기 라구

농후한 고기의 맛을 느낄 수 있는 고기 라구를 소개합니다. 고기를 먼저 노릇하게 구워두면 육즙이 그대로 남아 그 맛이 라구 전체의 풍미로 이어집니다. 굽는 과정에서 생기는 고기 기름은 키친페이퍼로 닦아주어야 느끼하지 않고 산뜻하게 먹을 수 있어요. 또한, 고기에 소금을 골고루 뿌려 밑간을 해두는 것도 중요합니다. 밑간이 잘 되어 있어야 더욱더 깊은 고기의 맛을 느낄 수 있어요. 양파나 버섯은 맛을 더해주고, 허브는 향을 높여주므로 적은 양이라도 넣으면 더욱 만족스러운 고기 라구로 완성할 수 있어요.

1. 닭봉 파프리카 라구
Paprika Chicken Drumsticks

토마토와 파프리카 파우더를 넣어 선명한 색감의 라구.
동유럽식 파프리카 조림 요리를 제 방식으로 바꾸어 만들어보았어요.
닭고기는 전골용의 뼈째 토막 난 닭봉을 쓰는 것을 추천합니다.
요거트는 프라이팬 안에서 섞어도 괜찮아요.
요거트 대신 사워크림을 곁들이면 감칠맛이 더욱 살아납니다.

레시피 ▶▶ p.44

2. 닭 허벅지살과 아보카도, 그린 카레 라구
Chicken & Avocado in Green Curry

시판용 카레 페이스트를 사용해서 간편하게 만든 그린 카레 라구.
카레 페이스트를 미리 볶아 향과 알싸함을 살려주는 것이 포인트입니다.
아보카도는 매운맛을 가라앉혀주고 색감까지 아름답게 살려주지요.
마무리로 남플라를 넣어 간을 맞추어 주세요.

레시피 ▶▶▶ p.45

3. 닭고기 경단과 호박 크림 라구
Chicken Meatballs in Pumpkin Cream

호박의 단맛이 생크림에 녹아든 진한 소스가 맛있는 라구.
다진 닭고기를 사용하면 담백한 맛으로 만들어져요.
없다면 다진 돼지고기로 만들어도 좋습니다.
마지막으로 카레 가루를 뿌리고, 파스타와 곁들여도 잘 어울립니다.
레시피 ▶▶▶ p.46

4. 닭 허벅지살과 고구마, 고르곤졸라 라구
Chicken & Sweet Potato in Gorgonzola

고르곤졸라 치즈의 독특한 짭조름함과 감칠맛에는
단맛을 가진 재료가 잘 어울립니다.
여기서는 따끈한 고구마를 곁들여 보았습니다.
브로콜리나 아스파라거스, 콜리플라워 등
삶으면 더 맛있어지는 채소들을 더하면 훨씬 맛있어져요.

레시피 ▶▶ p.47

5.
돼지고기와 토란과 매실, 갓 라구
Pork & Taro with Pickled Plum and Takana

돼지고기에 갓절임과 매실 장아찌를 곁들인 라구는
밥 한 그릇을 뚝딱 비울 정도로 맛있어요.
토란은 익으려면 시간이 오래 걸리므로 얇게 썰어 주세요.
레시피 ▶▶ p.47

6.
돼지고기와 사과, 화이트와인 라구
Pork & Apple in White Wine

돼지고기와 사과는 프랑스 요리에서도 자주 쓰이는 식재료 조합입니다.
푹 끓여 걸쭉해진 사과 소스의 새콤달콤한 맛이 식욕을 돋우어 줄 거예요.
돼지고기는 얇게 썰고 볶아서 부드러운 육질로 만들어 주세요.

7.
삼겹살과 무와 붉은 된장, 카레 라구
Red Miso Curry with Pork and Japanese White Radish

돼지고기에 붉은 된장을 넣으면
하룻밤 내내 푹 끓인 것처럼 깊은 맛의 카레로 만들어집니다.
잘게 썬 무에서는 부드러운 단맛이 배어 나오지요.
마무리로 부추를 넣어 살짝 끓여주세요.
레시피 ▶▶ p.48

8.
허브와 토마토, 햄버그 스테이크 라구
Hamburg Steak with Herbs and Tomatoes

타임의 향기가 부드럽게 풍기는 햄버그 스테이크 라구.
레드와인으로 끓이면 더욱 깊은 맛이 납니다.
허브로는 잘게 썬 파슬리나 바질, 민트를 써도 좋아요.
레시피 ▶▶ p.49

9. 돼지 안심과 채소, 발사미코 라구
Pork & Vegetables in Balsamic Vinegar

부드러운 돼지 안심살을 가볍게 구운 후
채소와 식초를 넣어 끓인 산뜻한 맛의 라구입니다.
고기는 마지막에 넣어 마무리했어요.
감칠맛 나는 발사미코 식초를 뿌리고 허브를 얹으면
듬뿍 넣은 채소도 순식간에 맛있게 먹을 수 있답니다.

레시피 ▶▶ p.50

10.
프룬 돼지고기말이와 레드와인 라구
Pork and Prune Rolls in Red Wine

프룬(건조 서양자두)과 돼지고기를 레드와인으로 끓인 라구는
프랑스 요리의 단골 메뉴예요.
여기서는 얇게 저민 돼지고기로 프룬을 말아서
더욱 간편한 조리법으로 바꾸어 보았습니다.
돼지고기는 부드러운 등심살을 추천해요.
달콤한 프룬이 오랜 시간 푹 끓인 것처럼 깊은 맛을 내주었어요.
레시피 ▶▶▶ p.51

11. 다진 고기와 가지와 피망, 바질 라구
Minced Pork, Eggplant, and Green Pepper with Basil

제가 자주 만들어 먹는 베트남식 라구입니다.
고기의 양은 적지만 참기름을 듬뿍 넣고 가지를 볶아 감칠맛을 냈어요.
마무리로 설탕 한 꼬집을 넣으면
한층 더 베트남 요리의 풍미를 낼 수 있습니다.
레시피 ▶▶ p.52

12.
콜리플라워 드라이 카레 라구
Dry Curried Rice with Cauliflower

인도의 키마 카레처럼 다진 닭고기를 사용한 라구.
큼직한 콜리플라워를 듬뿍 넣어 아삭아삭한 식감도 살렸습니다.
양파는 옅은 색으로 물들 때까지 서서히 볶아주면,
단맛이 제대로 배어 나와 훨씬 맛이 좋아져요.

레시피 ▶▶▶ p.53

닭봉 파프리카 라구
Paprika Chicken Drumsticks

재료 (2~3인분)

- 닭봉 … 6개(300g)
  - 소금 … 2/3작은술
  - 후추 … 약간
- 양파(얇게 썬 것) … 1/2개
- 파프리카(붉은 것, 세로 1㎝ 폭으로 자른 것) … 1개
- 마늘(으깬 것) … 1쪽
- 토마토(대강 자른 것) … 1개
- 화이트와인 … 3/4컵
- A │ 파프리카 파우더, 케첩 … 각 1큰술
- 올리브유 … 약간
- 버터 … 1큰술
- 플레인 요거트 … 100g

* 키친페이퍼를 깐 조리 위에 30분 정도 얹어 물기를 제거한다.

만드는 방법

1. 프라이팬에 올리브유를 두르고 마늘을 넣어 약불로 볶다가 마늘 향이 나면 소금과 후추로 밑간한 닭봉을 넣어 강불로 굽는다. 닭봉이 골고루 노릇하게 구워지면 꺼내고, 고기에서 나오는 기름은 키친페이퍼로 닦아낸다.

2. 양파, 파프리카를 넣어 중불로 볶고, 다소 숨이 죽으면 꺼내둔 닭봉과 화이트와인을 넣고 보글보글 끓인다. 이어서 토마토와 A를 넣고 뚜껑을 덮어 약한 중불로 15분 더 끓인다.

3. 소금, 후추(모두 분량 외)로 간을 맞춘 다음 불을 끄고 버터를 잘 섞는다. 그릇에 담고 물기를 뺀 요거트를 곁들인다.

닭 허벅지살과 아보카도, 그린 카레 라구
2.
Chicken & Avocado in Green Curry

재료 (2~3인분)

- 닭 허벅지살(4㎝ 크기로 깍둑썰기한 것) … 1개(250g)
- 피망(마구썰기한 것) … 4개
- 아보카도(3㎝ 크기로 깍둑썰기한 것) … 1개
- 그린 카레 페이스트 … 1큰술
- 코코넛 밀크 … 1컵
- 남플라 … 1큰술
- 샹차이(대강 자른 것) … 적당량

만드는 방법

1. 프라이팬을 달군 다음, 그린 카레 페이스트를 넣어 중불로 볶다가 향이 나면 닭고기를 넣어 색이 변할 때까지 볶는다. 이어서 피망을 넣고 가볍게 볶는다.
2. 코코넛 밀크와 물 1컵을 넣고 뚜껑을 덮어 약한 중불로 5분 정도 끓인다.
3. 아보카도를 넣고 가볍게 섞어준 다음 남플라로 간을 맞추고 그릇에 담아 샹차이를 얹는다.

🍴 타이 쌀밥을 곁들인다.

그린 카레 페이스트 청고추를 사용하여 자극적인 매운맛을 지닌 타이 카레 페이스트. 다진 고기볶음이나 볶음밥에 곁들여도 맛있기 때문에 남은 것은 냉동 보관하여 사용하는 것을 추천합니다.

MEAT RAGOÛT

3. 닭고기 경단과 호박 크림 라구
Chicken Meatballs in Pumpkin Cream

재료 (2~3인분)

- 닭 넓적다리살(다진 것) … 200g
- A ┃ 다진 양파 … 1/4개
  ┃ 다진 마늘 … 1/2쪽
  ┃ 빵가루 … 5큰술
  ┃ 물 … 1큰술
  ┃ 소금 … 1/2작은술
  ┃ 후추, 넛메그 … 각각 약간
- 단호박 … 1/4개(400g)
- 밀가루 … 1큰술
- 화이트와인 … 1/4컵
- 생크림 … 1/2컵
- 카레 가루 … 약간
- 올리브유 … 1작은술

만드는 방법

1. 호박은 내열 접시에 넣고 랩을 씌워서 전자레인지에 1분 동안 가열한 다음, 씨앗과 속을 제거하고 껍질을 군데군데 벗겨 2㎝ 크기로 깍둑썰기 한다(ⓐ).

2. 볼에 다진 닭고기, A를 넣고 찰기가 생길 때까지 손으로 치대 반죽한 다음, 9등분으로 나누어 동그랗게 뭉치고 밀가루를 묻힌다. 올리브유를 두르고 달군 프라이팬에 고기 경단을 넣고 중불로 노릇하게 굽는다(ⓑ).

3. 단호박과 화이트와인을 넣고 보글보글 끓인 다음, 물 1컵을 넣어 뚜껑을 덮고 약한 중불로 10분 정도 더 끓인다. 생크림을 넣고 불의 세기를 올려 걸쭉하게 조린 다음, 소금(분량 외)으로 간을 맞추고 카레 가루를 뿌려 한 번 섞는다.

🍴 페투치네(페투치네 70g을 삶아 버터 2작은술을 섞는다)를 곁들인다.

Point

ⓐ 호박은 내열 접시에 넣고 랩을 씌워 전자레인지로 1분 동안 가열해서 부드럽게 만들어 줍니다. 그 편이 손질하기도 쉽고, 조리하는 시간을 줄일 수 있어요.

ⓑ 닭고기 경단은 밀가루를 묻힌 다음 굴려가며 골고루 구워 주세요. 밀가루를 묻히면 고기의 육즙이 빠져나가지 않고, 이후 끓이는 과정에서 국물이 더욱 걸쭉해집니다.

4. 닭 허벅지살과 고구마, 고르곤졸라 라구
Chicken & Sweet Potato in Gorgonzola

재료 (2~3인분)

- 닭 허벅지살(4등분으로 자른 것) … 2개(500g)
  - 소금 … 1/2작은술
  - 후추 … 약간
- 고구마(껍질째 1cm 폭으로 통째썰기한 것) … 작은 것 1개(200g)
- 양파(굵게 다진 것) … 1/2개
- 화이트와인 … 1/2컵
- 생크림 … 120mL
- 고르곤졸라 치즈(잘게 찢은 것) … 40g
- 올리브유 … 약간

만드는 방법

1. 프라이팬에 올리브유를 두르고 달궈준 다음, 소금과 후추로 밑간한 닭고기를 껍질 면부터 올려 강불로 굽는다. 닭고기의 양면이 노릇하게 구워지면 꺼내고, 고기에서 나오는 기름은 키친페이퍼로 닦아낸다.
2. 고구마와 양파를 넣어 중불로 볶다가 양파 숨이 죽으면 꺼내 둔 닭고기와 화이트와인을 넣어 보글보글 끓인다. 이어서 물 1컵을 넣고 뚜껑을 덮어 약한 중불로 12~13분 더 끓인다.
3. 생크림, 고르곤졸라 치즈를 넣고 불의 세기를 올려 걸쭉하게 조린다.

고르곤졸라 치즈 톡 쏘는 향과 강한 짠맛이 특징인 이탈리안 블루치즈. 생크림과 함께 전자레인지에 가열해서 파스타나 삶은 감자에 얹어 먹어도 맛있습니다.

5. 돼지고기와 토란과 매실, 갓 라구
Pork & Taro with Pickled Plum and Takana

재료 (2~3인분)

- 돼지고기 목심 … 300g
  * 1cm 두께로 자르고, 다시 절반으로 자른다.
- 토란(7mm 폭으로 통째썰기한 것) … 4개(240g)
- A │ 갓절임(타카나, 잘게 썬 것) … 1작은술
     │ 매실 장아찌(우메보시, 다진 것) … 1개
     │ 사오싱주(혹은 술) … 2큰술
     │ 간장, 설탕 … 각각 1/2큰술
- 소금 … 2/3작은술
- 참기름 … 약간

만드는 방법

1. 프라이팬에 참기름을 두르고 달궈준 다음, 소금으로 밑간한 돼지고기를 올려 중불로 양면을 노릇하게 굽는다. 이어서 토란을 넣고 기름이 잘 배어들 때까지 볶는다.
2. A와 물 1컵을 넣고 뚜껑을 덮어 약한 중불로 10분 정도 끓인다.

6. 돼지고기와 사과, 화이트와인 라구
Pork & Apple in White Wine

재료 (2~3인분)

- 돼지고기 목심(1㎝ 두께로 자른 것) … 300g
  - 소금 … 2/3작은술
  - 후추 … 약간
  - 밀가루 … 2큰술
- 사과(껍질째 8등분으로 빗살무늬썰기한 것) … 1개
- 화이트와인 … 1/2컵
- 로즈마리(생) … 1줄기
- 올리브유 … 약간

만드는 방법

1. 돼지고기는 소금과 후추를 뿌려 밑간하고 밀가루를 묻힌다. 프라이팬에 올리브유를 두르고 달궈준 다음, 돼지고기를 올려 중불로 양면을 노릇하게 굽고, 가장자리에 사과를 넣어 가볍게 볶는다.
2. 화이트와인을 넣어 보글보글 끓인 다음, 로즈마리, 물 1컵을 넣어 뚜껑을 덮고 약한 중불에서 15분 정도 더 끓인다.

🍴 바게트를 곁들인다.

7. 삼겹살과 무와 붉은 된장, 카레 라구
Red Miso Curry with Pork and Japanese White Radish

재료 (2~3인분)

- 얇게 썬 돼지고기 삼겹살(4㎝ 길이로 썬 것) … 7장(200g)
- 무(작게 마구썰이한 것) … 7㎝
- 양파(얇게 썬 것) … 1/2개
- A | 밀가루 … 1큰술
    | 카레 가루 … 1과1/2작은술
- 붉은 된장 … 1큰술
- 설탕 … 1/3작은술
- 샐러드유 … 약간

만드는 방법

1. 프라이팬에 샐러드유를 두르고 달궈준 다음, 돼지고기를 올려 중불로 골고루 노릇하게 굽는다. 이어서 무와 양파, A를 순서대로 넣고 잘 섞여들 때까지 볶는다.
2. 물 2컵을 넣고, 보글보글 끓으면 떫은맛을 방지하기 위해 거품을 제거한 다음 뚜껑을 덮고 약한 중불에서 10분 정도 끓인다.
3. 붉은 된장, 설탕을 넣고 5분 정도 끓여 걸쭉하게 조리고, 소금(분량 외)으로 간을 맞춘다.

🍴 쪽파 라이스(밥 2공기에, 4줄기 분량의 잘게 썬 쪽파를 섞는다)를 곁들인다.

붉은 된장 적미소(아카미소)라고도 부릅니다. 숙성 기간이 길고 감칠맛 있으며 강한 짠맛이 특징이에요. 중화풍 제육볶음에 넣거나, 첨면장이 없을 경우 붉은 된장과 미림으로 대체해도 좋습니다. 간장 대신 사용하면 깊은 맛을 낼 수 있어요.

8. 허브와 토마토, 햄버그 스테이크 라구
Hamburg Steak with Herbs and Tomatoes

재료 (2~3인분)

- 다진 소고기 … 300g
- A | 다진 양파 … 1/2개
    | 달걀 … 1개
    | 빵가루 … 1/2컵
    | 소금 … 2/3작은술
    | 타임(생, 손으로 문질러 향을 낸 것) … 1줄기
- 밀가루 … 2큰술
- 레드와인 … 1/4컵
- B | 홀토마토 … 1/2캔(200g)
    | 마늘(으깬 것) … 1/2쪽
    | 타임 줄기 … 1줄기
- 간장 … 1작은술
- 올리브유 … 약간

만드는 방법

1. 볼에 다진 소고기와 A를 넣고 찰기가 생길 때까지 손으로 치대 반죽한 다음, 6등분으로 나누고 동그랗게 말아 밀가루를 묻힌다. 프라이팬에 올리브유를 두르고 달궈준 다음, 뭉친 고기를 올려 중불로 골고루 잘 굽는다.
2. 레드와인을 넣어 보글보글 끓인 다음, B(홀토마토는 으깨면서)와 물 1/2컵을 넣고 뚜껑을 덮어 약한 중불로 10분 정도 더 끓인다.
3. 간장으로 간을 맞춘다.

🍴 파슬리 버터 라이스(밥 2공기에 다진 파슬리 2큰술, 버터 2작은술, 소금 한 꼬집을 넣어 섞는다)를 곁들인다.

9. 돼지 안심과 채소, 발사미코 라구
Pork & Vegetables in Balsamic Vinegar

재료 (2~3인분)

- 돼지고기 안심(1.5cm 두께로 자른 것) … 250g
  - 소금 … 1/2작은술
  - 후추 … 약간
  - 밀가루 … 2큰술
- A
  - 양파(채 썬 것) … 1개
  - 셀러리(채 썬 것) … 1줄기
  - 당근(채 썬 것) … 1/2개
  - 다진 마늘 … 1쪽
- 화이트와인 … 4큰술
- B
  - 발사미코 식초 … 1큰술
  - 타임(생, 잘게 찢은 것) … 1줄기
  * 로즈마리로 대체 가능.
- 버터 … 1작은술

만드는 방법

1. 돼지고기는 소금과 후추를 뿌려 밑간하고 밀가루를 묻힌다. 프라이팬에 올리브유 약간(분량 외)을 두르고 달궈준 다음, 돼지고기를 올려 강불로 굽는다(ⓐ). 돼지고기의 양면이 노릇하게 구워지면 꺼낸다.

2. 버터와 A를 넣고 중불로 볶다가 숨이 죽으면 화이트와인을 넣고 보글보글 끓인다. 이어서 B와 물 1/2컵을 넣어 뚜껑을 덮고 약한 중불에서 7~8분 더 끓인다.

3. 꺼내둔 돼지고기를 넣고 강불로 2~3분 끓여 걸쭉하게 조리고, 소금(분량 외)으로 간을 맞춘다. 불을 끄고, 버터 2작은술(분량 외)을 넣고 섞는다.

🍴 바게트를 곁들인다.

발사미코 식초 포도를 장기 숙성하여 만드는 이탈리안 식초. 단맛과 감칠맛, 산미가 나는 것이 특징입니다. 구운 고기에 뿌리거나 졸여서 소스로 만들면 간장처럼 감칠맛을 낼 수 있어요.

Point

ⓐ 돼지고기는 소금과 후추로 밑간하고 밀가루를 묻혀서 강불로 골고루 구워주세요. 밀가루를 묻히면 고기의 육즙이 빠져나가지 않고 육질도 부드러워지며, 끓이면서 국물이 더욱 걸쭉해진답니다.

 프룬 돼지고기말이와 레드와인 라구
Pork and Prune Rolls in Red Wine

재료 (2~3인분)

- 돼지고기 등심(얇게 썬 것) … 10장(200g)
- A │ 소금 … 1/2작은술
    │ 후추 … 약간
    │ 간 마늘 … 1/2쪽
- 프룬(씨 뺀 것) … 10개
- 양파(1㎝ 폭으로 자른 것) … 1/2개
- 밀가루 … 2큰술
- 레드와인 … 3/4컵
- 버터 … 1큰술

만드는 방법

1. 돼지고기는 1장씩 펼쳐서 A로 밑간하고, 프룬을 한 개씩 얹어 돌돌 말아준 다음 밀가루를 묻힌다(ⓐ).

2. 프라이팬에 버터를 녹이고, 돼지고기말이를 올려 중불로 골고루 노릇하게 굽는다(ⓑ). 가장자리에 양파를 넣어 가볍게 볶는다.

3. 레드와인을 넣어 보글보글 끓인 다음, 물 1/2컵을 넣어 뚜껑을 덮고 약한 중불에서 15분 정도 더 끓인다. 뚜껑을 열고 불의 세기를 올려 걸쭉하게 조리고, 소금 및 후추(모두 분량 외)로 간을 맞춘다.

   🍴 파슬리 버터 라이스(밥 2공기 분량에, 다진 파슬리 2큰술, 버터 2작은술, 소금 한 꼬집을 넣고 섞는다)를 곁들인다.

Point

ⓐ 돼지고기는 1장씩 펼쳐서 소금, 후추, 마늘로 밑간한 다음, 고기 끝부분에 프룬을 1개씩 얹고 돌돌 감아줍니다. 밀가루는 골고루 듬뿍 묻히는 것이 좋아요.

ⓑ 프룬 돼지고기말이는 밀가루를 묻힌 다음 중불에서 굴려가며 골고루 구워주세요. 밀가루를 묻히면 고기의 육즙이 빠지지 않고, 끓이는 과정에서 국물이 더욱 걸쭉해진답니다.

11. 다진 고기와 가지와 피망, 바질 라구
Minced Pork, Eggplant, and Green Pepper with Basil

재료 (2~3인분)

- 다진 돼지고기 … 150g
- 가지(1cm 폭으로 통째썰기한 것) … 3개
- 피망(마구썰기한 것) … 4개
- A | 마늘(얇게 썬 것) … 1쪽
    | 홍고추 … 1/2개
- 바질 잎(잘게 찢은 것) … 5~6장
- B | 술 … 3큰술
    | 치킨 스톡 … 1과1/2작은술
- 남플라 … 1큰술
- 설탕 … 2/3작은술
- C | 녹말 … 1/2큰술
    | 물 … 1큰술
- 참기름 … 3큰술

만드는 방법

1. 프라이팬에 참기름을 두르고, A를 넣어 약불로 볶다가 향이 나면 피망을 넣고 중불로 기름기가 돌 때까지 볶는다. 이어서 다진 돼지고기를 넣고 큼직하게 풀어주면서 노릇하게 굽는다.
2. B와 물 1과1/2컵을 넣어 뚜껑을 덮고, 끓기 시작하면 약한 중불로 10분 정도 더 끓인다.
3. 남플라와 설탕을 넣어 간을 맞추고, 잘 섞은 C를 넣어 국물을 걸쭉하게 만든다(ⓐ). 불을 끄고 바질을 넣어 한 번 휘젓는다.

🍴 타이 쌀밥을 곁들인다.

 **바질 잎** 청량한 향이 인상적인 허브. 금방 갈변하기 때문에 올리브유와 함께 믹서로 갈아 페이스트로 만들고, 랩 위에 펼쳐 깔고 냉동 보관하는 것을 추천합니다.

Point

ⓐ 10분 정도 끓여 채소의 숨이 죽으면 남플라와 설탕으로 간을 맞추고, 마지막으로 녹말물을 섞어서 국물을 걸쭉하게 만들어줍니다. 이 과정으로 국물이 재료 전체에 골고루 스며들게 됩니다.

12. 콜리플라워 드라이 카레 라구
Dry Curried Rice with Cauliflower

재료 (2~3인분)

- 다진 닭고기 … 150g
- 콜리플라워(1.5㎝ 크기로 깍둑썰기한 것) … 1개(정미 300g)
- 다진 양파 … 1개
- 다진 마늘 … 1쪽
- 토마토(대강 자른 것) … 큰 것 1개
- 커민 시드 … 1작은술
- A │ 카레 가루 … 1큰술
  │ 소금 … 1작은술
- 샐러드유 … 2큰술

만드는 방법

1. 프라이팬에 샐러드유를 두르고, 커민 시드를 넣어 중불로 볶다가 향이 나면 양파, 마늘을 넣고 노랗게 색이 변할 때까지 볶는다(ⓐ). 이어서 다진 닭고기를 넣어 색이 변할 때까지 볶고, 콜리플라워를 더해 가볍게 볶는다.
2. 토마토, 물 1/2컵을 넣고 뚜껑을 덮어 약한 중불로 15분 끓인다.
3. A를 넣고 불의 세기를 올려 국물이 없어질 때까지 조린다.

커민 시드 인도 요리 등에 자주 사용하는 향신료. 기름으로 볶아 향을 내서 사용합니다. 카레를 만들 때나 양배추를 볶을 때, 양고기를 구울 때 넣으면 좋아요.

Point

ⓐ 커민 시드를 볶아 향을 내고, 양파와 마늘을 넣어 노랗게 변할 때까지 중불로 잘 볶아주세요. 이 과정으로 양파의 단맛과 감칠맛이 나오게 된답니다.

Side dish
아보카도와 적양파 샐러드

13.
칠리 콘 카르네 라구
Chili con Carne

다진 고기를 꾹꾹 누르며 구워 고소함을 살리는 것이 포인트.
소량의 카레 가루를 넣어 맛을 살리고,
청고추를 넣어 매운맛을 냈습니다.
밥에 얹은 다음 피자용 치즈를 뿌려 먹어도 맛있어요.

MEAT RAGOÛT

13. 칠리 콘 카르네 라구
Chili con Carne

재료 (2~3인분)

- 다진 고기(소고기, 돼지고기 섞은 것) … 200g
- A
  - 다진 양파 … 1/2개
  - 청고추(작게 썬 것) … 6개
  - 다진 마늘 … 1쪽
  - 커민 시드 … 1작은술
- 홀토마토 … 1캔(400g)
- B
  - 키드니 빈(드라이 팩*) … 100g
  - 케첩 … 2큰술
  - 시나몬 파우더 … 1작은술
  - 카레 가루 … 1/2작은술
  - 홍고추(작게 썬 것) … 1/2개
  - * 칠리 파우더 1작은술이나 고춧가루 소량을 넣어도 된다.
- 간장 … 1/2작은술
- 소금 … 1작은술
- 올리브유, 후추 … 약간

* 캔에 콩만 넣고 진공 상태에서 쪄서 캔 안에서 발생하는 증기에 의해 가열 조리하는 방법

만드는 방법

1. 프라이팬에 올리브유를 두르고 달궈준 다음, 다진 고기를 올려 뒤집개로 누르면서 강불로 굽고, 양면이 노릇하게 구워지면 고기 덩어리를 큼직하게 풀어주고(ⓐ) 꺼낸다.

2. A를 넣고 중불에 볶다가 양파가 숨이 죽으면, 홀토마토(으깨면서)와 꺼내둔 고기, B를 넣고 뚜껑을 덮어 약한 중불로 12~13분 끓인다.

3. 간장, 소금, 후추로 간을 맞추고, 불의 세기를 올려 국물이 없어질 때까지 조린다.

Point

ⓐ 다진 고기는 덩어리째 넣어 뒤집개로 누르면서 강불로 양면을 골고루 구워주세요. 고기 덩어리는 적당히 큼직하게 풀어주어야 고기의 맛을 제대로 느낄 수 있습니다

아보카도와 적양파 샐러드   *Side dish*

아보카도는 타바스코 소스로 매콤하게, 적양파는 라임으로 상큼하게. 제가 좋아하는 조합이에요. 칠리 콘 카르네와 한 접시에 차려내어도 좋아요.

재료 (2~3인분)

- 아보카도(2~3cm 크기로 깍둑썰기한 것) … 1개
- A
  - 소금, 간 마늘, 타바스코 … 각각 약간
  - 올리브유 … 1작은술
- 적양파(얇게 썬 것) … 1/4개
- B
  - 소금 … 1/4작은술
  - 라임즙(혹은 레몬즙) … 1작은술
- 샹차이(대강 자른 것) … 1줄기

만드는 방법

1. 볼에 적양파를 넣고, B를 뿌려 무친다.
2. 다른 볼에 아보카도와 A를 넣어 무치고, 그릇에 담아 적양파와 샹차이를 곁들인다.

Side dish
무 수프

14. 루로우판 라구
Luroufan

대만의 소울 푸드인 루로우판 스타일의 라구.
독특한 향을 가진 팔각을 넣으면 아시아 요리의 맛이 더욱 살아납니다.
반숙으로 삶은 달걀을 굴려가며 익혀서
노른자로 인해 걸쭉해지도록 마무리해주세요.
굵게 다진 고기를 사용하면 더욱 현지의 맛에 가깝게 만들 수 있습니다.

MEAT RAGOÛT

14. 루로우판 라구
Luroufan

재료 (2~3인분)

- 다진 돼지고기(있다면 굵게 다진 것) … 300g
- 반숙 달걀 … 4개
  *실온에 둔 달걀을 물이 담긴 냄비에 넣어 끓이고, 물이 끓기 시작한 후부터 5~6분 더 삶는다.
- 파(2cm 폭으로 어슷썰기한 것) … 1줄기
- 마늘(얇게 썬 것) … 1/2쪽
- A │ 사오싱주(혹은 술) … 2와 1/2큰술
    │ 간장 … 2큰술
    │ 굴 소스 … 1과 1/2큰술
    │ 설탕 … 1과 1/2작은술
    │ 팔각 … 1개
- 샐러드유 … 약간

만드는 방법

1. 프라이팬에 샐러드유를 두르고 달궈준 다음, 다진 고기와 마늘을 뒤집개로 누르면서 중불로 굽고, 양면이 노릇하게 구워지면 고기 덩어리를 큼직하게 풀어준다(55페이지 참조).

2. 반숙 달걀, 파, A, 물 1과 1/2컵을 넣어 뚜껑을 연 채 약한 중불에서 10분 정도 끓인다. 중간중간 달걀을 굴려주어 걸쭉하게 마무리한다.

팔각 중국 요리에서 빼놓을 수 없는 별 모양 향신료. 강하고 독특한 향이 특징입니다. 이 향이 요리재료의 잡내를 없애주며, 돼지고기 조림이나 간장이 들어가는 조림에도 잘 어울립니다. 과일 콩포트에 화이트와인과 같이 넣어도 좋아요.

무 수프
Side dish

개운한 맛의 닭 육수에 남플라로 간을 맞추었습니다.
생강과 샹차이 향이 풍기는 부드러운 맛의 수프예요.

재료 (2~3인분)

- 무(얇게 반달썰기 한 것) … 5cm
- 생강(얇게 썬 것) … 1/2쪽
- A │ 남플라, 치킨 스톡 … 각각 1/2작은술
    │ 술 … 1작은술
    │ 물 … 1과 1/2컵
- 샹차이(대강 자른 것) … 1줄기

만드는 방법

1. 냄비에 A와 무, 생강을 넣고 중불에서 5분 정도 끓인다. 무가 투명해지면 소금(분량 외)을 넣어 간을 맞추고 그릇에 담아 샹차이를 얹는다.

15. 소고기와 버섯, 해시드 비프 라구
Hashed Beef with Mushroom

'해시드 비프 라이스(Hashed Beef And Rice)'는
잘 알려진 일본 서양식 '하이라이스'의 원어랍니다.
소고기와 잎새버섯을 레드와인으로 푹 끓여 비슷하게 만들어보았어요.
고기는 구운 다음 꺼내고 나중에 다시 넣어서 부드럽게 마무리했습니다.
농후한 생크림에 간장을 조금 넣으면 밥과 아주 잘 어울리는 일품요리가 완성됩니다.

Side dish
아스파라거스와 달걀 샐러드

15. 소고기와 버섯, 해시드 비프 라구
Hashed Beef with Mushroom

재료 (2~3인분)

- 얇게 썬 소고기 … 200g
  - 소금 … 1/3작은술
  - 후추 … 약간
  - 밀가루 … 1큰술
- A
  - 잎새버섯(잘게 찢은 것) … 1팩(100g)
  - 양파(얇게 썬 것) … 1/2개
  - 마늘(얇게 썬 것) … 1쪽
- 토마토(대강 자른 것) … 1개
- 레드와인 … 4큰술
- 생크림 … 4큰술
- 간장 … 1과1/2큰술
- 샐러드유 … 1작은술

만드는 방법

1. 소고기는 소금과 후추를 뿌려 밑간하고 밀가루를 묻힌다. 프라이팬에 샐러드유를 두르고 달궈준 다음, 소고기를 올려 중불로 굽고, 양면이 노릇하게 구워지면 꺼낸다.
2. A를 넣고 중불로 볶아 숨이 죽으면 토마토를 넣고 가볍게 볶는다. 이어서 레드와인을 넣고 프라이팬의 바닥까지 긁어주며 끓인 다음, 꺼내둔 소고기와 물 1컵을 넣고 뚜껑을 덮어 약한 중불로 5분 정도 더 끓인다.
3. 생크림, 간장을 넣고 불의 세기를 올려 걸쭉하게 조린다.

🍴 당근 필라프(8페이지 참조)를 곁들인다.

아스파라거스와 달걀 샐러드

Side dish

삶은 달걀과 생크림, 홀그레인 머스터드로 만든 농후한 맛의 샐러드. 삶은 감자나 브로콜리를 넣어도 잘 어울립니다.

재료 (2~3인분)

- 그린 아스파라거스 … 6개
  - *줄기 밑의 단단한 껍질 부분은 필러로 깎아낸다.
- A
  - 완숙 달걀(굵게 다진 것) … 2개
  - 생크림 … 2큰술
  - 홀그레인 머스터드 … 1과1/2작은술
  - 소금 … 1/3작은술
  - 간 마늘, 후추 … 각각 약간

만드는 방법

1. 아스파라거스는 소금 약간(분량 외)을 넣은 뜨거운 물에 삶은 다음, 찬물에 담갔다가 꺼내 3등분하여 썬다.
2. 그릇에 아스파라거스를 담고 잘 섞은 A를 얹는다.

Side dish
경수채와 뱅어 샐러드

16.
소고기와 무, 유자 후추 라구
Beef & Japanese White Radish with Yuzu Kosho

다시마 육수에 유자 후추의 향을 더한 일본식 라구입니다.
버섯이나 셀러리, 토마토를 넣어 만들어도 잘 어울려요.
무는 7~8㎜ 두께로 얇게 썰며, 고기는 너무 오래 끓이지 않는 것이 중요합니다.
넉넉하게 만들어두었다가 다음 날 다시 먹으면
무에 국물이 충분히 배어들어서 더욱 맛있어집니다.

MEAT RAGOÛT

16. 소고기와 무, 유자 후추 라구
Beef & Japanese White Radish with Yuzu Kosho

재료 (2~3인분)

- 소 자투리 고기 … 200g
  - 소금 … 약간
  - 술 … 1큰술
  - 녹말 … 2작은술
- 무(7~8mm 폭으로 반달썰기한 것) … 7cm
  - 다시마(가능하면 물에 하룻밤 불린 것) … 사방 5cm
  - 물 … 2컵
- A | 술 … 1큰술
    | 소금 … 1/2작은술
- 유자 후추 … 1/2작은술
- 샐러드유 … 약간

만드는 방법

1. 소고기는 소금과 술로 조물조물 무쳐 밑간하고 녹말을 묻힌다. 프라이팬에 샐러드유를 두르고 달궈준 다음, 소고기를 올려 중불로 굽고, 색이 변하면 꺼낸다.

2. 무를 넣고 중불로 볶다가 색이 투명해지면 다시마와 물(분량), A를 넣고 끓인다. 보글보글 끓으면 떫은맛을 방지하기 위해 거품을 걷어내고 뚜껑을 덮어 약한 중불로 15분 더 끓인다.

3. 꺼내둔 소고기를 넣고 한소끔 끓인 다음 유자 후추를 넣어 섞는다.

🍴 차조기 라이스(밥 2공기 분량에 잘게 채 썬 차조기 잎 5장을 섞고 흰 통참깨를 적당량 뿌린다)를 곁들인다

경수채와 뱅어 샐러드
Side dish

경수채의 아삭함과 참기름으로 볶은 말린 뱅어의 바삭함.
식감이 매력적인 샐러드입니다.
식초와 간장을 넣은 상큼한 드레싱도 즐겨주세요.

재료 (2~3인분)

- 경수채(4등분하여 자른 것) … 1/2묶음
- 말린 뱅어 … 3큰술
- A | 간장, 식초 … 각각 1큰술
    | 참기름 … 1작은술
- 참기름 … 1큰술

만드는 방법

1. 프라이팬에 참기름을 두르고 달궈준 다음, 말린 뱅어를 중불로 바삭하게 굽고 키친페이퍼 위에 얹어 기름을 제거한다.

2. 그릇에 경수채와 말린 뱅어를 담고, 잘 섞은 A를 뿌린다.

FRYING PAN RAGOÛT

Chapter.3
FISH & SEAFOOD RAGOÛT

해산물 라구

해산물의 풍부한 맛이 살아있는 라구 레시피를 소개합니다. 끓이는 시간이 10분이 채 안 될만큼 간편한 레시피도 있지만, 모두 해산물의 깊은 맛이 우러나도록 만들었어요. 생선은 오래 익히면 퍼석퍼석해지기 때문에 미리 표면을 노릇하게 굽고 나중에 넣어줍니다. 새우나 바지락, 가리비 등의 해산물을 채소와 곁들이면 해산물의 농후한 맛과 채소의 산뜻한 맛이 어우러져 조화로운 요리로 완성된답니다.

연어와 매실 크림 라구
Salmon in Cream Sauce with Pickled Plum

농후한 생크림에 새콤한 매실 장아찌를 더해
밥과 함께 먹기 좋은 뒷맛이 개운한 라구로 만들었습니다.
연어는 밀가루를 묻혀 껍질부터 바삭하게 구워서,
소스와 빠르게 섞어주기만 하면 돼요.
허브 대신 차조기나 쪽파를 넣어 만들어도 좋습니다.

레시피 ▶▶▶ p.69

2. 청새치와 토마토, 올리브 라구
Swordfish in Tomato Sauce with Black Olive

블랙 올리브를 포인트로 삼은 남부 프랑스 요리입니다.
청새치는 오래 끓여도 퍼석해지지 않아서 라구 요리에 잘 어울리는 생선이에요.
채소를 듬뿍 넣어 푹 끓이면 든든히 배를 채울 수 있습니다.

레시피 ▶▶ p.70

3. 흰살생선과 더우츠 라구
Spanish Mackerel with Douchi Sauce

나무 찜통에 넣어 찌는 중화식 생선찜을 모티브로 만든 라구.
생선은 채소에서 나오는 수분 덕에 포실포실하게 만들어집니다.
진한 감칠맛이 나는 더우츠와 두반장을 넣어 매콤한 맛으로 완성해 주세요.

레시피 ▶▶ p.71

4.
새우와 토마토 크림 라구
Prawn in Tomato and Cream

새우 맛이 한입 가득 느껴지는 토마토 크림 라구입니다.
새우는 밀가루를 묻혀 튀기기 때문에 본연의 맛을 잃지 않게 되며 소스도 걸쭉하게 만들어져요.
머리를 떼지 않은 새우로 만든다면 육수에 우러나도록 새우 머리를 그대로 넣어주세요.
달콤함과 스파이시한 맛을 내기 위해 우스터 소스를 사용했습니다.

레시피 ▶▶▶ p.72

5. 새우와 표고버섯, 당면 라구
Prawn, Shiitake Mushroom, and Vermicelli with Oyster Sauce

새우와 표고버섯, 굴 소스의 맛이
듬뿍 배어든 당면이 들어가
곁들인 밥이 술술 넘어가는 라구입니다.
표고버섯은 꼭 넣어서 특유의 풍미를 즐겨주세요.
가리비나 닭고기를 넣는 것도 추천해요.
레시피 ▶▶▶ p.73

6. 바지락과 소송채, 마늘 라구
Clam & Komatsuna with Garlic and Olive Sauce

올리브유와 마늘, 고추를 넣어 고급스러운 매콤함을 낸 라구.
소송채는 듬뿍 넣고 색이 변할 때까지 끓여주세요.
바지락 육수가 더욱 깊은 맛으로 만들어주었어요.
레시피 ▶▶▶ p.74

7.
가리비와 무와 감자, 두유 라구
Scallop, Turnip, and Taro in Soy Milk

달짝지근한 백된장에 두유를 섞어 부드러운 맛으로 만든 동서양 퓨전식 라구.
가리비는 버터를 듬뿍 넣어 볶아서 감칠맛을 냈어요.
레시피 ▶▶▶ p.75

1. 연어와 매실 크림 라구
Salmon in Cream Sauce with Pickled Plum

재료 (2~3인분)

- 토막 손질한 생연어(절반으로 자른 것) … 3장(240g)
  - 소금 … 1/2작은술
  - 후추 … 약간
  - 밀가루 … 1과 1/2큰술
- 파(가로 4등분 잘라 잘게 썬 것) … 1과 1/2줄기
- 화이트와인 … 70mL
- A │ 매실 장아찌(다진 것) … 1/2개
    │ 생크림 … 120mL
- 올리브유 … 1작은술
- 딜(생, 잘게 찢은 것) … 적당량

만드는 방법

1. 연어는 소금과 후추를 뿌려 밑간하고 밀가루를 묻힌다. 프라이팬에 올리브유를 두르고 달궈준 다음, 연어를 껍질 면부터 올려 중불로 양면을 노릇하게 굽는다.
2. 가장자리에 파를 넣어 가볍게 볶고 화이트와인을 넣어 보글보글 끓인다.
3. A와 물 1/4컵을 넣어 뚜껑을 연 채 중불로 3~4분 조린다. 그릇에 담아 딜을 얹는다.

딜 해산물과 잘 어울리는 청량한 향의 허브. 잘게 썰어서 마요네즈와 섞어 샐러드에 뿌려 먹어도 맛있어요. 남은 것은 랩에 싸서 냉동실에 보관합니다.

2. 청새치와 토마토, 올리브 라구
Swordfish in Tomato Sauce with Black Olive

재료 (2~3인분)

- 토막 손질한 청새치 … 3장(240g)
  - 소금 … 1/2작은술
  - 후추 … 약간
- A
  - 양파(얇게 썬 것) … 1개
  - 주키니(5㎝ 길이로 골패썰기한 것) … 1개
  - 셀러리(5㎝ 길이로 채 썬 것) … 1줄기
  - 마늘(얇게 썬 것) … 1쪽
  - 타임(생, 잘게 찢은 것) … 1줄기
- 블랙 올리브(씨 뺀 것) … 15알
- 화이트와인 … 120mL
- 홀토마토 통조림 … 1/2캔(200g)
- 올리브유 … 약간

만드는 방법

1. 프라이팬에 올리브유를 두르고 달궈준 다음, 소금과 후추로 밑간한 청새치를 올려 중불로 양면을 가볍게 굽고 꺼낸다.
2. 올리브유 1작은술(분량 외)과 A를 넣어 중불로 볶다가 숨이 죽으면 올리브와 화이트와인을 넣어 보글보글 끓인다.
3. 홀토마토를 으깨면서 넣고 뚜껑을 연 채 중불에서 5분 정도 조린 다음, 꺼내둔 청새치를 넣고 2~3분 더 끓인다.

Tip 마무리로 화이트와인 비네거를 1작은술 넣으면 맛있어요.

3. 흰살생선과 더우츠 라구
Spanish Mackerel with Douchi Sauce

재료 (2~3인분)

- 토막 손질한 삼치(혹은 도미나 대구 등) ··· 3장(240g)
  - 소금 ··· 약간
  - 술 ··· 1작은술
- 청경채 ··· 1묶음
  *5cm 길이로 썰고, 줄기는 세로 6등분하여 썬다.
- 파(5cm 길이로 썬 것) ··· 1줄기
- A 더우츠(굵게 다진 것), 사오싱주(혹은 술), 참기름 ··· 각각 1큰술
  - 간장 ··· 1작은술
  - 두반장 ··· 1/2작은술
  - 다진 마늘, 다진 생강 ··· 각각 1/2쪽

만드는 방법

1. 삼치는 3등분하여 썰고 소금과 술로 밑간한다.
2. 프라이팬에 [청경채→삼치→파] 순서로 겹겹이 쌓아 넣고, 잘 섞은 A를 뿌리고(ⓐ) 가장자리에 물 1/4컵을 휘휘 둘러 넣는다. 뚜껑을 덮고 약한 중불에서 7~8분 정도 끓인다.

더우츠 검은 콩에 소금을 넣어 발효시킨 식품으로, 된장과 비슷한 맛이에요. 간장과 섞어 감칠맛을 내기도 하고, 잘게 썬 마늘종이나 마늘과 함께 볶아 밥에 얹어 먹어도 맛있습니다.

Point

ⓐ 프라이팬에 청경채, 삼치, 파를 순서대로 쌓아 넣고, 잘 섞은 조미료를 골고루 뿌려줍니다. 조미료는 미리 섞어둔 다음 넣어야 맛이 균일하게 배어 들어요.

● FISH & SEAFOOD RAGOÛT

4. 새우와 토마토 크림 라구
Prawn in Tomato and Cream

재료 (2~3인분)

- 껍질 있는 새우(블랙 타이거 등) … 18마리(200g)
  *껍질을 까고 꼬리와 등 쪽 내장을 제거한다.
   머리가 손질되지 않은 새우일 경우 머리도 같이 넣는다.
- A | 다진 양파 … 1/2개
    | 다진 마늘 … 1쪽
- 밀가루 … 2큰술
- 우스터 소스 … 1작은술
- 화이트와인 … 2큰술
- B | 홀토마토 … 1캔(400g)
    | 치킨 스톡 … 1/2작은술
- 생크림 … 1/2컵
- 올리브유 … 1큰술
- 후추, 이탈리안 파슬리(있다면 잘게 찢은 것) … 적당량

만드는 방법

1. 프라이팬에 올리브유를 두르고 달궈준 다음, A를 넣어 중불로 볶다가 양파가 투명해지면 가장자리에 올리브유 1작은술(분량 외), 밀가루를 묻힌 새우(ⓐ)를 넣고 중불로 색이 변할 때까지 볶는다.

2. 우스터 소스를 두르고 화이트와인을 넣어 끓인 다음(ⓑ), B(홀토마토는 으깨면서)를 넣고 뚜껑을 연 채 중불로 7~8분 더 끓인다.

3. 생크림을 넣고 불의 세기를 올려 걸쭉하게 조린다. 그릇에 담아 후추를 뿌리고 이탈리안 파슬리를 적당히 얹는다.

Point

ⓐ 새우는 껍질을 벗기고, 꼬리와 등에 있는 내장을 제거한 다음 밀가루를 골고루 묻힙니다. 밀가루를 묻히면 볶는 과정에서도 새우의 맛을 유지할 수 있고 소스도 부드럽게 걸쭉해진답니다.

ⓑ 새우 양면의 색이 변할 때까지 볶은 다음 우스터 소스를 넣어 섞고 화이트와인을 넣어 보글보글 끓입니다. 이 과정으로 해산물 특유의 비린내가 사라지고 향과 맛이 살아나요.

5. 새우와 표고버섯, 당면 라구
Prawn, Shiitake Mushroom, and Vermicelli in Oyster Sauce

재료 (2~3인분)

- 껍질 있는 새우(블랙 타이거 등) … 18마리(200g)
  - 술 … 1작은술
  - 녹말 … 1큰술
- 표고버섯(생, 세로로 절반 자른 것) … 6개
- 파(3㎝ 폭으로 어슷썰기한 것) … 1줄기
- 다진 마늘 … 1쪽
- 당면 … 70g
  - *뜨거운 물에 넣어 불린 다음 꺼내 먹기 좋은 크기로 자른다.
- A │ 간장, 술 … 각각 2큰술
  │ 굴 소스 … 1과1/2큰술
  │ 치킨 스톡 … 1작은술
- 참기름 … 1큰술
- 샹차이(대강 자른 것), 후추 … 각각 적당량

만드는 방법

1. 새우는 껍질을 벗기고 꼬리와 등의 내장을 제거한 다음 술과 녹말을 비벼 무친다.

2. 프라이팬에 참기름을 두르고 마늘을 넣어 약불로 볶다가 향이 나면 표고버섯과 파를 넣고 중불로 가볍게 볶는다. 이어서 새우를 넣어 색이 변할 때까지 잘 볶는다.

3. 당면, A, 물 2컵을 넣고 뚜껑을 닫은 다음 약한 중불로 10분 정도 끓인다. 그릇에 담아 샹차이를 얹고 후추를 뿌린다.

6. 바지락과 소송채, 마늘 라구
Clam & Komatsuna with Garlic and Olive Sauce

재료 (2~3인분)

- 해감한 바지락(ⓐ) … 1팩(200g)
- 소송채(5㎝ 길이로 썬 것) … 작은 것 2묶음(400g)
- A | 마늘(으깬 것) … 2쪽
    | 홍고추(작게 썬 것) … 1/3개
- 소금 … 1/2작은술
- 올리브유 … 3큰술

만드는 방법

1. 프라이팬에 올리브유를 두르고, A를 넣고 약불로 볶다가 향이 나면 소송채와 소금을 넣고 뚜껑을 덮어 중불로 1~2분 정도 끓인다.

2. 뚜껑을 열어 소송채의 위아래를 뒤집고 다시 뚜껑을 덮은 다음 중불로 숨이 죽을 때까지 7~8분 끓이고 바지락을 넣는다. 뚜껑을 덮고 바지락 껍데기가 입을 벌릴 때까지 끓인다.

🍴 펜네(펜네 120g을 삶아 올리브유 2큰술을 섞는다)를 곁들인다.

Point

ⓐ 바지락 해감은 소금물(물 1컵+소금 1작은술)에 바지락을 넣고 서늘하고 어두운 곳에 1시간 정도 둡니다. 알루미늄 포일을 덮거나 검은 비닐봉지를 씌워 냉장고에 보관해도 됩니다.

7. 가리비와 무와 감자, 두유 라구
Scallop, Turnip, and Taro in Soy Milk

재료 (2~3인분)

- 가리비 관자(횟감용) … 8개(240g)
  * 세로로 절반 자른다.
- 순무 … 3개
  * 껍질을 벗기고 줄기를 2cm 남긴 채 6등분으로 빗살무늬썰기 한다.
- 토란(5mm 폭으로 통째썰기한 것) … 4개(240g)
- A | 맛국물* … 1컵
    | 술 … 1큰술
- B | 무첨가 두유 … 1과1/4컵
    | 백된장 … 2큰술
    | 간장 … 2/3작은술
- 버터 … 1큰술

*멸치, 다시마, 조개 따위를 우려내어 맛을 낸 국물

만드는 방법

1. 프라이팬에 버터를 녹이고, 소금으로 밑간한 가리비를 넣고 중불로 양면을 노릇하게 굽고 꺼낸다.
2. 순무, 토란을 넣어 중불로 가볍게 볶은 다음, A를 넣어 뚜껑을 덮고 약한 중불로 12~13분 끓인다.
3. 꺼내둔 가리비와 B를 넣고 뚜껑을 연 채 약한 불로 1~2분 끓인다.

🍴 나물밥(밥 2공기 분량에 소금 1/2작은술로 주무르고 물기를 제거하여 잘게 썬 순무청 1개분, 말린 뱅어 1큰술을 섞는다)을 곁들인다.

Side dish

당근과 오렌지 샐러드

8.
오징어와 렌틸콩, 커민 라구
Squid & Lentil with Cumin

다른 콩에 비해 빨리 익고 쫀득쫀득한 식감의 렌틸콩을
깊은 맛이 나는 오징어 육수로 푹 끓였습니다.
커민과 섞어서 아시아 요리 느낌이 나도록 만들어 보았어요.
렌틸콩을 불릴 시간이 없다면 5분 더 끓여주세요.

FISH & SEAFOOD RAGOÛT

8. 오징어와 렌틸콩, 커민 라구
Squid & Lentil with Cumin

재료 (2~3인분)

- 오징어(화살오징어 등) … 작은 것 3마리(360g)
- 렌틸콩*(물에 20분 이상 불린 것) … 3/4컵(120g)
- 다진 양파 … 1/4개
- 셀러리(다진 것) … 1/2줄기
- A | 다진 마늘 … 1쪽
    | 커민 시드 … 1/2작은술
- 화이트와인 … 1/4컵
- 소금 … 2/3작은술
- 올리브유 … 약간

*껍질을 벗기지 않은 갈색렌틸콩을 사용했다. 껍질을 벗긴 붉은렌틸콩일 경우 물에 불리지 않아도 괜찮다(91페이지 참조).

만드는 방법

1. 오징어는 다리를 잡아당겨 내장과 연골을 제거하고 몸통을 1cm 폭으로 썬다(ⓐ). 다리는 다른 요리에 사용한다.
2. 프라이팬에 올리브유를 두르고, A를 넣고 중불에 볶다가 향이 나면 양파와 셀러리를 넣고 숨이 죽을 때까지 볶는다. 이어서 오징어를 넣고 가볍게 볶는다.
3. 화이트와인을 넣어 보글보글 끓인 다음, 물기를 뺀 렌틸콩, 소금, 물 2컵을 넣어 뚜껑을 덮고, 끓기 시작하면 약한 중불로 15분 더 끓인다.

🍴 파슬리 버터 라이스(밥 2공기에 다진 파슬리 2큰술, 버터 2작은술, 소금 한 꼬집을 섞는다)를 곁들인다.

Tip 살오징어 같은 커다란 오징어를 사용할 때는 화이트와인으로 오징어를 삶은 다음 꺼내고, 렌틸콩과 소금, 물을 넣어 10분 정도 끓인 다음 오징어를 다시 넣고 5분 정도 끓입니다.

Point

ⓐ 오징어는 다리를 잡아당겨 내장과 연골을 제거하고 속을 깨끗이 씻어주세요. 몸통은 껍질을 벗기지 않고 1cm 폭으로 썰고, 다리는 보관해두었다가 다른 요리에 사용해 줍니다.

당근과 오렌지 샐러드   *Side dish*

선명한 오렌지색이 예쁘고 과일향이 가득한 샐러드입니다.
상큼한 오렌지를 곁들여 당근의 풋내를 잡았어요.

재료 (2~3인분)

- 당근(얇게 채 썬 것) … 1개
- 오렌지 … 1개
- A | 올리브유 … 1큰술
    | 레몬즙 … 1작은술
    | 소금 … 1/3작은술
- 민트 잎(잘게 찢은 것), 흰 통참깨 … 각각 약간

만드는 방법

1. 오렌지는 식칼로 위아래를 자르고, 남은 껍질은 세로로 깎아내리듯이 벗긴다. 한 조각씩 속껍질 선을 따라 V자 모양의 칼집을 내어 과육을 꺼내고 절반으로 자른다.
2. 볼에 A를 넣고 섞은 다음 오렌지와 당근, 민트 잎을 넣어 버무린다. 그릇에 담아 흰 통참깨를 뿌린다.

🍳 FRYING PAN RAGOÛT

Chapter.4
VEGETABLE, TOFU, BEAN RAGOÛT

채소, 두부, 콩 라구

채소, 두부, 콩으로 만든 매력적인 라구 레시피를 소개합니다. 채소는 끓이면 부피가 줄어들기 때문에 잔뜩 넣어 먹을 수 있는 점이 매력입니다. 마늘이나 치즈, 버터를 넣어 감칠맛을 냈어요. 두부나 두부 튀김은 오래 끓이지 않아도 깊은 맛이 나며, 향이 진한 채소를 곁들이면 더욱 만족스럽게 만들 수 있어요. 콩은 금방 익는 렌틸콩을 사용했습니다. 다른 콩을 사용할 때는 드라이팩*으로 가공된 것을 쓰면 편리해요.

* 캔에 콩만 넣고 진공 상태에서 쪄서 캔 안에서 발생하는 증기에 의해 가열 조리를 하는 방법

1.
콜리플라워와 벚꽃 새우, 마늘 라구
Cauliflower & Sakura Shrimp with Garlic

벚꽃 새우 육수에 마늘향이 은은하게 풍겨 풍미 넘치는 라구입니다.
콜리플라워는 먼저 쪄두어서 부드럽게 만들었어요.
견과류나 향신료를 넣은 밥을 곁들이고,
마무리로 올리브유를 한 바퀴 둘러 먹으면 감칠맛이 살아납니다.
콜리플라워 대신 큼지막하게 썬 양배추로 만들어도 좋아요.
레시피 ▶▶ p.85

2.
라따뚜이 라구
Ratatouille

적은 종류의 채소로도 깊은 맛의 라구를 만들 수 있습니다.
넉넉한 양의 기름에 가지를 골고루 볶는 것이 포인트예요.
냉장고에서 차갑게 식혀 보관하고 다음 날 먹으면
맛이 골고루 잘 배어들어 더욱 맛있습니다.
레시피 ▶▶ p.85

3.
호박과 고구마와 앤초비, 버터, 레몬 라구
Pumpkin & Sweet Potato with Anchovy, Butter, and Lemon

앤초비와 버터로 농후한 맛을 더한 후,
레몬즙을 짜서 상큼하게 마무리했습니다.
파르메산 치즈 대신 모짜렐라 치즈를 듬뿍 얹어도 좋아요!
레시피 ▶▶ p.86

4. 일본식 마파두부 라구
Japanese-Style Mapo Tofu

마늘, 파, 생강 등 향이 강한 채소를 넣고 간장과 미림으로 적절히 간을 맞추어
매운맛이 덜하고 남녀노소 맛있게 먹을 수 있는 라구로 만들었습니다.
다진 고기에서 진한 육수가 나오기 때문에 고기를 잘 굽는 것이 중요해요.
두부는 큼지막하게 잘라 나무 주걱으로 살짝 뭉개서 끓이고,
먹을 때는 잘게 뭉개서 밥과 비벼 먹으면 맛있어요.

레시피 ▶▶▶ p.87

5. 두부 새우 경단과 순무 라구
Shrimp Dumplings & Turnips in Japanese Sea Stock

물기를 완전히 뺀 두부에 으깬 새우살을 듬뿍 넣어 쫀득한 경단을 만들었어요.
채소는 부드러운 맛이 특징인 순무와 야마토이모를 넣어
육수의 풍미를 최대한 살렸습니다.
다시 데워 먹을 때는 물을 조금 넣어주세요.

레시피 ▶▶ p.88

6.
베트남식 두부튀김 토마토소스 라구
Vietnamese-Style Thik-Fried Tofu in Tomato Sauce

얼핏 이탈리안 요리처럼 보이지만 베트남에서 맛본 요리를 모티브로 만든 라구입니다.
남플라를 넣어 베트남의 풍미를 살렸어요.
가볍게 볶은 가지, 파프리카, 주키니를 넣어 먹어도 맛있습니다.
레시피 ▶▶▶ p.89

VEGETABLE, TOFU, BEANS RAGOÛT

1. 콜리플라워와 벚꽃 새우, 마늘 라구
Cauliflower & Sakura Shrimp with Garlic

재료 (2~3인분)

- 콜리플라워(작게 나눈 것) … 1개(정미 300g)
- 벚꽃 새우 … 2큰술(8g)
- 마늘(으깬 것) … 1쪽
- 소금 … 1/3작은술
- 올리브유 … 1큰술

만드는 방법

1. 프라이팬에 올리브유를 두르고, 마늘을 넣어 약불로 볶다가 향이 나면 벚꽃 새우를 넣고 가볍게 섞는다.
2. 콜리플라워, 소금, 물 1/2컵을 넣어 뚜껑을 덮고 약불로 10분 끓인다. 그릇에 담아 올리브유(분량 외)를 둘러 뿌린다.

🍴 견과류 라이스(8쪽 참조)를 곁들인다.

2. 라따뚜이 라구
Ratatouille

재료 (2~3인분)

- 가지(1.5㎝ 폭으로 반달썰기한 것) … 2개
- A │ 주키니(1.5㎝ 폭으로 반달썰기한 것) … 1개
    │ 파프리카(붉은 것, 마구썰기한 것) … 1개
    │ 피망(마구썰기한 것) … 2개
- 양파(굵게 다진 것) … 1/2개
- 마늘(으깬 것) … 1쪽
- 홀토마토 … 1/2캔(200g)
- 바질 잎(잘게 찢은 것) … 1~2장
- 모짜렐라 치즈(잘게 찢은 것) … 1/2개(50g)
- 올리브유 … 4큰술
- 달걀 프라이 … 2~3개

만드는 방법

1. 프라이팬에 올리브유를 두르고 달궈준 다음, 양파와 마늘을 넣어 중불로 볶다가 향이 나면 가지를 넣고 숨이 죽을 때까지 볶는다. 이어서 A를 넣고 가볍게 섞는다.
2. 홀토마토(으깨면서)와 바질 잎을 넣어 뚜껑을 덮고 약한 중불로 15분 끓인다.
3. 불을 끄고 치즈를 뿌린 다음 뚜껑을 덮어 잔열로 녹인다. 그릇에 담아 달걀 프라이를 얹는다.

🍴 바게트를 잘라 곁들인다.

Tip 바질 잎 대신 드라이 바질 1/2작은술을 넣어도 좋습니다.

VEGETABLE, TOFU, BEANS RAGOÛT

3. 호박과 고구마와 앤초비, 버터, 레몬 라구
Pumpkin & Sweet Potato with Anchovy, Butter, and Lemon

재료 (2~3인분)

- 호박 … 1/8개(200g)
- 고구마(껍질째 작게 마구썰기한 것) … 작은 것 1개(200g)
- 다진 마늘 … 1/2쪽
- 앤초비(필레, 다진 것) … 1과1/2장
- A │ 벌꿀 … 1작은술
    │ 소금 … 한 꼬집
- B │ 버터 … 1큰술
    │ 파르메산 치즈 … 2큰술
    │ 레몬즙 … 약간
- 버터 … 1과1/2큰술
- 레몬, 파르메산 치즈 … 적당량

만드는 방법

1. 호박은 내열 접시에 넣고 랩을 씌워서 전자레인지에 1분 가열한 다음, 씨앗과 속을 제거하고 껍질을 군데군데 벗겨 2㎝ 크기로 깍둑썰기 한다.

2. 프라이팬에 버터를 녹이고, 마늘과 앤초비를 넣어 중불로 볶다가 향이 나면 호박과 고구마를 넣고 기름이 돌 때까지 볶는다(ⓐ).

3. A와 물 70mL를 넣어 뚜껑을 덮고 약한 중불에서 15분 끓인다. 이어서 B를 순서대로 넣고 가볍게 섞고 그릇에 담는다. 먹을 때 레몬즙을 짜고 파르메산 치즈를 뿌린다.

🍴 레몬 라이스(8쪽 참조)를 곁들인다.

앤초비 멸치 소금 절임을 올리브유에 절인 것으로, 강한 짠맛과 농후한 맛이 특징입니다. 볶은 다음 화이트와인, 생크림과 함께 졸여서 파스타나 삶은 감자와 곁들어 먹으면 맛있어요.

Point

ⓐ 먼저 녹인 버터에 마늘과 앤초비를 볶은 다음 호박과 고구마를 골고루 섞어 볶습니다. 이 과정으로 호박과 고구마에 감칠맛이 생기고 라구 전체의 풍미로 이어집니다.

4. 일본식 마파두부 라구
Japanese-Style Mapo Tofu

재료 (2~3인분)

- 연두부(가로세로 반으로 자른 것) … 1모(300g)
- 다진 닭고기 … 150g
- 부추(3cm 길이로 썬 것) … 1묶음
- A │ 다진 파 … 1/3줄기
    │ 다진 마늘 … 1쪽
    │ 다진 생강 … 1/2쪽
- 술 … 2큰술
- 간장 … 2와1/2큰술
- 미림 … 1/2큰술
- B │ 녹말 … 1/2큰술
    │ 물 … 1큰술
- 참기름 … 1큰술

Point

ⓐ 닭고기는 파와 마늘, 생강과 함께 색이 변할 때까지 제대로 볶아줍니다. 이 단계에서 제대로 볶아주어야 국물이 진하고 맛있어집니다.

ⓑ 파, 마늘, 생강 등 향이 강한 채소와 다진 고기를 볶은 다음 술, 간장, 미림과 같은 조미료를 넣으면 맵지 않고 맛있게 간이 맞춰집니다. 여기에 두부와 물 1컵을 넣어 뚜껑을 덮고 푹 끓여 맛이 충분히 배어들게 해 주세요.

만드는 방법

1. 프라이팬에 참기름을 두르고 달궈준 다음, A를 넣고 약불로 볶다가 향이 나면 닭고기, 소금 약간(분량 외)을 넣어 중불로 색이 변할 때까지 볶는다(ⓐ).

2. 술, 간장, 미림을 순서대로 넣어 가볍게 섞고, 연두부와 물 1컵을 넣어 뚜껑을 덮는다. 끓기 시작하면 약한 중불로 5~6분 더 끓인다(ⓑ).

3. 부추를 넣어 1분 정도 끓이고, 나무 주걱으로 두부를 반쯤 으깬 다음 잘 섞은 B를 넣어 국물을 걸쭉하게 만든다. 취향에 따라 시치미*(분량 외)를 뿌려 먹는다.

* 고춧가루 등 일곱 가지 향신료 가루를 섞은 일본식 조미료

5. 두부 새우 경단과 순무 라구
Shrimp Dumplings & Turnips in Japanese Sea Stock

재료 (2~3인분)

- 두부 … 2/3모(200g)
- 껍질 있는 새우(블랙 타이거 등, 굵게 다진 것) … 10마리(100g)
  * 껍질은 벗기고 꼬리와 등 쪽 내장은 제거한다.
- 야마토이모* … 200g
  * 껍질은 깎고, 20g은 갈고 남은 것은 1cm 폭으로 통째썰기 한다.
- 순무 … 2개
  * 껍질은 깎고 줄기는 2cm 남긴 채 8등분으로 빗살무늬썰기 한다.
- A | 녹말 … 2작은술
    | 술 … 1/2작은술
- B | 맛국물 … 2컵
    | 간장, 술 … 각각 1큰술
    | 소금 … 2/3작은술
- C | 녹말 … 1/2큰술
    | 물 … 1큰술
- 샐러드유, 산초가루(있다면) … 각각 약간

*참마의 한 품종으로, 밀도가 촘촘하고 찰기 있는 것이 특징이다.

Point

ⓐ 두부의 물기를 제대로 빼두어야 잘 뭉쳐져서 경단으로 만들기 쉽습니다. 얇게 썬 두부를 키친페이퍼 사이에 끼우고 무거운 것을 30분 이상 얹어두어 물기를 제대로 제거해 주세요.

ⓑ 손에 샐러드유를 묻히면 반죽이 손에 달라붙지 않아 작업하기 쉽습니다. 반죽은 8등분으로 나누어 지름 4cm 정도의 둥글납작한 경단 모양으로 둥글려 주세요.

만드는 방법

1. 두부는 3등분하여 썰고 키친페이퍼(2장 포갠 것) 사이에 끼운 다음, 넓적한 쟁반 등으로 30분 정도 얹어두어 물기를 뺀다(ⓐ). 이어서 야마토이모 간 것, 소금 약간(분량 외)과 함께 믹서로 간다(혹은 갈아낸 야마토이모에 두부, 소금을 넣고 부드럽게 섞어준다).

2. 볼에 1과 새우, A를 넣고 잘 섞어 반죽한 다음, 손에 샐러드유 약간(분량 외)을 묻히고 8등분으로 나누어 납작한 경단 모양으로 둥글린다(ⓑ). 프라이팬에 샐러드유를 두르고 달궈준 다음, 경단을 넣어 중불로 양면을 노릇하게 굽고 꺼낸다.

3. 남은 야마토이모와 순무, B를 넣고 뚜껑을 덮어 강불로 끓인다. 끓기 시작하면 약한 중불로 부드러워질 때까지 10~15분 정도 더 끓인다. 꺼내둔 경단을 넣고 한소끔 끓인 후, 잘 섞은 C를 넣어 국물을 걸쭉하게 만든다. 그릇에 담아 산초가루를 뿌린다.

6. 베트남식 두부튀김 토마토소스 라구
Vietnamese-Style Thik-Fried Tofu in Tomato Sauce

재료 (2~3인분)

- 두부 튀김(2㎝로 깍둑썰기한 것) … 작은 것 3개(400g)
- A | 마늘(으깬 것) … 1쪽
    　　홍고추(작게 썬 것) … 1/2개
- 홀토마토 … 1캔(400g)
- 남플라 … 2작은술
- 바질 잎(잘게 찢은 것) … 3장
- 샐러드유 … 2큰술
- 후추 … 약간

만드는 방법

1. 프라이팬에 샐러드유를 두르고, A를 넣어 약불로 볶다가 향이 나면 두부 튀김을 넣고 중불로 골고루 노릇하게 굽는다.
2. 홀토마토를 으깨면서 넣고 뚜껑을 연 채 중불로 10분 조린다.
3. 남플라로 간을 맞추고 바질 잎을 넣은 다음, 그릇에 담고 후추를 뿌린다.

　🍴 타이 쌀밥을 곁들인다.

7.
렌틸콩 코코넛 카레 라구
Coconut Curry with Lentil

스리랑카에서 배워 온 카레로, 정말 간단하게 만들 수 있어요.
얇게 썬 양파가 옅은 색으로 변할 때까지 볶아 단맛을 끌어내고,
렌틸콩과 코코넛 밀크를 넣어 부드럽게 만들어 주세요.
샹차이와 라임으로 상큼함까지 더했답니다.

Side dish
오크라와 양하 무침

VEGETABLE, TOFU, BEANS RAGOÛT

7. 렌틸콩 코코넛 카레 라구
Coconut Curry with Lentil

재료 (2~3인분)

- 렌틸콩*(물에 20분 이상 불린 것) … 1컵(160g)
- A | 다진 양파 … 1/4개
   | 다진 마늘 … 1쪽
   | 커민 시드 … 1/2작은술
- 코코넛 밀크 … 1컵
- 카레 가루, 소금 … 각각 1작은술
- 샐러드유 … 1/2큰술
- 상차이(대강 자른 것), 라임(혹은 레몬) … 각각 적당량

*껍질을 벗기지 않은 갈색렌틸콩을 사용했다. 껍질을 벗긴 붉은렌틸콩일 경우 물에 불리지 않아도 괜찮다.

만드는 방법

1. 프라이팬에 샐러드유를 두르고 달궈준 다음, A를 넣어 중불로 양파가 옅은 색으로 변할 때까지 볶는다.
2. 물기를 뺀 렌틸콩, 카레 가루, 소금, 물 2컵을 넣고 뚜껑을 닫은 다음, 끓기 시작하면 약한 중불로 15분 더 끓인다.
3. 코코넛 밀크를 넣고 중불로 한소끔 끓인 다음, 그릇에 담아 상차이를 얹고 라임을 곁들여 즙을 짠다.

🍴 흑미밥(쌀 1컵에 흑미 1큰술을 섞어 짓는다)을 곁들인다.

 **렌틸콩** 물에 오래 불리지 않아도 되고, 빨리 익는 것이 특징이에요. 여기서는 껍질을 벗기지 않은 갈색렌틸콩을 사용했습니다. 프랑스에서는 라구를 만들 때 사용하고 남은 것은 드레싱에 버무려 샐러드로 먹기도 해요.

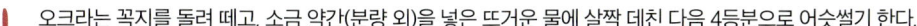

오크라와 양하 무침
Side dish

양하는 소금과 식초로 먼저 밑간하면 색감이 더욱 선명해져요.
살짝 데친 오크라와 버무리면 아삭아삭하고 가벼운 식감의 사이드 디시로 완성됩니다.

재료 (2~3인분)

- 오크라 … 10개
- 양하(얇게 썬 것) … 1개
- A | 소금 … 약간
   | 식초 … 1작은술
- 올리브유 … 1큰술
- 가다랑어포 … 적당량

만드는 방법

1. 오크라는 꼭지를 돌려 떼고, 소금 약간(분량 외)을 넣은 뜨거운 물에 살짝 데친 다음 4등분으로 어슷썰기 한다.
2. 볼에 양하, A를 넣어 섞고 오크라와 올리브유를 넣어 버무린다. 그릇에 담아 가다랑어포를 얹는다.

FRYING PAN RAGOÛT

Chapter.5

SPECIAL RAGOÛT

🍳 스페셜 라구

화려한 비주얼로 손님을 맞을 때 선보이기 좋은 라구 레시피를 소개합니다.
많은 재료를 준비하고, 고기속을 만들어 채우는 등 정성이 가득 담긴 레시피예요. 조금 손은 가지만 어디에서나 자신 있게 내놓을 수 있는 퀄리티의 라구랍니다. 쿠스쿠스나 수제 소스를 곁들여 풍미를 돋우면 식탁이 훨씬 풍성해지고 이야기꽃이 만발할 거예요.

다진 고기로 채운 순무와 드라이 토마토 라구
Stuffed Turnip and Couscous with Sun-Dried Tomatoes

남부 프랑스 지역에서 맛보았던 토마토 파시 요리를 모티프로 만든 라구
본래 토마토 속을 긁어내어 속재료를 넣지만 여기서는 순무로 바꾸어 보았어요.
속을 고기로 채운 순무를 드라이 토마토와 함께 끓이고
그 맛이 녹아든 국물이 쿠스쿠스에 스며들어 환상적인 요리로 탄생합니다.
중동의 고추 페이스트인 하리사(Harissa)가 어울릴 것 같아서
두반장으로 만들 수 있는 소스도 함께 실었어요.

레시피 ▶▶ p.98

2. 새끼양 갈빗살 타진 라구
Lamb Chop Tagine

모로코의 전통 스튜 요리, 타진(tajine) 스타일로 만든 라구.
고기의 맛과 향신료의 향이 듬뿍 배인 채소를
뼈가 붙은 양고기와 함께 먹으면 환상적이에요.
타진은 과일이 들어가는 경우가 많기 때문에
마지막에 마멀레이드를 섞어 본고장의 맛을 느낄 수 있도록 했어요.

레시피 ▶▶ p.99

3. 새우와 흰살생선, 부야베스 라구
Bouillabaisse with Prawn and Red Bream

프랑스 마르세유 지방의 전통 요리인 부야베스 스타일로 만든 라구.
신선한 해산물을 사용하여 가볍게 끓이기만 하면 되는 레시피로 바꾸어 보았습니다.
새우, 생선, 조개를 넣어서 깊고 특별한 맛의 육수가 만들어집니다.
다금바리를 사용할 경우에는 먼저 뜨거운 물에 데쳐 비린내를 제거해주세요.
부야베스에 빠질 수 없는 소스인 루이유도 간단히 만들어 곁들일 수 있답니다.

레시피 ▶▶▶ p.100

4.
흰살생선과 칠리 새우, 달걀 볶음 라구
Cod, Prawn, and Scrambled Eggs in Chili Sauce

새우의 농후한 맛이 가득한 칠리 소스에 달걀을 반숙으로 살짝 엉기게 하고, 살살 녹을 정도로 살점이 부드러운 대구를 넣은 든든한 일품요리입니다. 화려한 붉은 색의 칠리소소와 달걀의 예쁜 노란색이 섞여 비주얼도 좋아요. 커다란 접시에 담아내면 식탁도, 분위기도 화려해질 거예요.
매운 맛을 즐기는 분은 붉은 고추를 넣어도 좋습니다.

레시피 ▶▶ p.101

SPECIAL RAGOÛT

1. 다진 고기로 채운 순무와 드라이 토마토 라구
Stuffed Turnip and Couscous with Sun-Dried Tomatoes

재료 (2~3인분)

- 순무 … 6개
  * 무청이 붙은 윗부분은 평평하게 잘라낸다.
- 다진 돼지고기 … 150g
- A | 빵가루 … 3큰술
    | 우유 … 2큰술
    | 소금 … 1/4작은술
    | 이탈리안 파슬리(다진 것) … 2줄기
- B | 드라이 토마토(굵게 다진 것) … 큰 것 1개(8g)
    | 화이트와인 … 1/4컵
    | 육수(고체 스톡) … 1/2개
- 쿠스쿠스 … 1/2컵
- 이탈리안 파슬리(잘게 찢은 것) … 적당량

【두반장 소스】
두반장 2큰술, 간 마늘 1/4쪽, 커민 시드 1/4작은술, 레몬즙 및 레몬 껍질(왁스칠 하지 않은 것) 간 것 약간, 소금 약간을 섞는다.

만드는 방법

1. 순무는 껍질을 벗기지 않은 채 숟가락으로 속을 크게 파내고(ⓐ), 파내어 나온 속은 반으로 자른다. 볼에 다진 돼지고기와 A를 넣고 찰기가 생길 때까지 손으로 치대어 반죽하고, 6등분으로 나누어 속이 빈 순무 속에 채운다.

2. 프라이팬에 1(파낸 순무 속도 같이), B, 물 2와1/2컵을 넣고 뚜껑을 덮어 강불로 끓인다. 끓기 시작하면 약한 중불로 12~13분 더 끓인다.

3. 쿠스쿠스를 재료 사이사이에 넣고 뚜껑을 덮어 약불로 3~4분 끓인 다음, 이탈리안 파슬리를 뿌리고 두반장 소스를 곁들인다.

Point

ⓐ 순무는 안에 고기가 많이 들어가도록 되도록 크게 파내어 주세요. 숟가락은 얇고 굴곡이 적은 것이 깔끔하게 파내기 좋습니다.

2. 새끼양 갈빗살 타진 라구
Lamb Chop Tagine

재료 (2~3인분)

- 새끼양 갈빗살 … 6개
  - 소금 … 1/2작은술
  - 후추 … 약간
- A | 양파(8등분으로 빗살무늬썰기한 것) … 1개
  - 당근(작은 것을 마구썰기한 것) … 1개
  - 주키니(1㎝ 폭으로 통째썰기한 것) … 1개
  - 커민 시드, 코리앤더(고수) 시드 … 각각 1/2작은술
  - 홍고추 … 1/2개
- B | 마늘(으깬 것) … 1쪽
  - 생강(얇게 썬 것) … 1/2쪽
- 홀토마토 … 1/2캔(200g)
- 소금 … 1/2작은술
- 오렌지 마멀레이드 … 1작은술

만드는 방법

1. 프라이팬에 올리브유 약간(분량 외)을 두르고, B를 넣어 약불로 볶다가 향이 나면 소금과 후추로 밑간한 양고기를 넣고 중불로 양면을 노릇하게 굽는다.

2. A를 넣어 가볍게 섞은 다음 홀토마토(으깨면서), 소금, 물 1컵을 넣고 뚜껑을 덮는다. 끓기 시작하면 약한 중불로 15분 더 끓인 다음, 오렌지 마멀레이드를 넣고 한 번 휘젓는다.

🍴 쿠스쿠스(쿠스쿠스 1컵에 뜨거운 물 1컵, 소금 1/2작은술을 넣은 다음 랩을 씌워 5분 동안 뜸들이고, 올리브유 1작은술을 섞는다)를 곁들인다.

3. 새우와 흰살생선, 부야베스 라구
Bouillabaisse with Prawn and Red Bream

재료 (2~3인분)

- A | 머리 있는 새우 … 4마리(160g)
  *머리를 떼어내고 껍질에 칼집을 내어 등 쪽 내장을 제거한다.
  | 홍합 … 5개
- 토막 손질한 금눈돔 … 3장(300g)
- B | 다진 양파 … 1/2개
  | 셀러리(다진 것) … 1/2줄기
  | 다진 마늘 … 2쪽
  | 홍고추 … 1/2개
- 토마토(대강 썬 것) … 1개
- 화이트와인 … 1컵
- 딜(생, 잘게 찢은 것) … 1~2줄기
- 사프란 … 1/3작은술
  *물 1큰술에 5분 정도 담궈 우려낸다.
- 소금 … 1/2작은술
- 올리브유 … 1큰술

만드는 방법

1. 프라이팬에 올리브유를 두르고 달궈준 다음, A(새우 머리도 같이)를 넣어 중불로 새우 색이 변할 때까지 볶는다. 이어서 화이트와인과 딜 줄기를 넣어 뚜껑을 덮고 3~4분 끓인 다음, 홍합이 입을 벌리면 국물과 함께 모두 꺼낸다.
2. 올리브유 1큰술(분량 외)과 B를 넣고 중불로 볶다가 향이 나면 가장자리에 금눈돔을 넣고 껍질을 가볍게 굽는다.
3. 토마토, 사프란(우려낸 물째로), 소금, 물 2컵을 넣고 뚜껑을 덮는다. 끓기 시작하면 약한 중불로 5분 정도 끓인다.
4. 꺼내둔 1을 넣고 뚜껑을 덮어 약한 중불로 2~3분 정도 끓인 다음, 그릇에 담아 딜을 얹는다.

🍴 바게트와 루이유 소스(마요네즈 4큰술, 올리브유 1작은술, 간 마늘 약간을 섞는다)를 곁들인다.

4. 흰살생선과 칠리 새우, 달걀 볶음 라구
Cod, Prawn, and Scrambled Eggs in Chili Sauce

재료 (2~3인분)

- 토막 손질한 생대구(3등분으로 자른 것) … 3장(240g)
- 껍질 있는 새우(블랙 타이거 등) … 10마리(100g)
  * 껍질은 벗기고 꼬리와 등 쪽 내장을 제거한다.
- 달걀 … 3개
- A | 다진 파 … 1줄기
    | 다진 마늘 … 1쪽
    | 다진 생강 … 1/2쪽
- B | 토마토(대강 썬 것) … 큰 것 1개
    | 케첩 … 3큰술
    | 술 … 2큰술
    | 간장 … 1큰술
    | 두반장, 치킨 스톡 … 각각 1작은술
- C | 녹말 … 1/2큰술
    | 물 … 1큰술
- 참기름 … 1큰술

만드는 방법

1. 프라이팬에 참기름을 두르고 A를 넣어 약불로 볶다가 향이 나면 대구와 새우를 넣고 중불로 새우 색이 변할 때까지 볶는다.

2. B와 물 1과 1/2컵을 넣고 뚜껑을 덮은 다음, 끓기 시작하면 중불로 3~4분 끓인다.

3. 잘 섞은 C를 넣고 섞어 국물을 걸쭉하게 만들고, 풀어놓은 달걀을 휘휘 둘러 넣고 뚜껑을 덮어 반숙 상태가 되도록 익힌다. 그릇에 담아 대강 썬 상차이(분량 외)를 얹는다.

Side dish
감자와 케이퍼 샐러드

5. 굴과 시금치, 크림 소스 라구
Oyster & Spinach in Cream Sauce

굴의 풍부한 맛, 시금치와 버섯의 풍미를
농밀한 생크림과 우유로 크리미하게 마무리한 고급스러운 맛의 라구.
굴은 화이트와인으로 조린 다음 꺼내면 더욱 향이 좋아져요.
케이퍼의 산미가 도드라지는 감자 샐러드를 곁들여 먹으면 금상첨화입니다.

● SPECIAL RAGOÛT

5. 굴과 시금치, 크림 소스 라구
Oyster & Spinach in Cream Sauce

> 재료 (2~3인분)

- 껍질 깐 굴(가열용) … 20개(300g)
- 시금치 … 2묶음(400g)
  * 뜨거운 물에 가볍게 데친 후 4cm 폭으로 썬다.
- A │ 양파(얇게 썬 것) … 1/2개
     │ 양송이버섯(세로로 절반 자른 것) … 1팩(100g)
- 다진 마늘 … 1쪽
- 밀가루 … 1과1/2큰술
- 화이트와인 … 4큰술
- 우유, 생크림 … 각각 1/2컵
- 소금 … 1작은술
- 버터 … 1큰술

> 만드는 방법

1. 굴에 밀가루 1과1/2큰술(분량 외)를 묻힌다.
2. 프라이팬에 버터를 녹이고, 마늘을 넣어 약불로 볶다가 향이 나면 굴을 넣어 중불로 볶는다. 굴이 골고루 노릇노릇하게 구워지면, 화이트와인을 넣어 보글보글 끓인 다음 국물과 함께 굴을 꺼낸다.
3. 버터 2큰술(분량 외), A, 소금을 넣어 중불로 볶다가 양파 색이 투명해지면 시금치를 넣어 가볍게 볶고, 밀가루를 넣어 골고루 어우러질 때까지 볶는다.
4. 우유, 물 1컵을 넣고 뚜껑을 덮어 약한 중불로 5분 끓인다. 꺼내둔 2를 넣어 한소끔 끓인 다음 생크림을 넣고 불의 세기를 올려 걸쭉하게 조린다.

🍴 납작보리 밥(쌀 2/3컵에 납작보리 5큰술을 섞어 짓는다)을 곁들인다.

감자와 케이퍼 샐러드

Side dish

케이퍼와 레몬을 넣어 상큼한 맛을 가미한 감자 샐러드입니다.
케이퍼 대신 파슬리나 파드득 나물, 차조기나 딜을 넣어도 좋아요.

> 재료 (2~3인분)

- 감자 … 3개(360g)
- A │ 앤초비(필레, 굵게 다진 것) … 2장
     │ 올리브유 … 1큰술
- 케이퍼 … 1작은술
- 레몬 … 적당량

> 만드는 방법

1. 감자는 씻어서 물기가 묻어있는 채로 한 개씩 랩으로 싸서 전자레인지에 4~5분 가열한 다음, 껍질을 까고 1cm 폭으로 반달썰기 한다.
2. 감자와 잘 섞은 A를 버무려서 그릇에 담고, 케이퍼를 뿌리고 레몬을 곁들여 즙을 짠다.

103

밥, 파스타와 잘 어울리는 원 플레이트 디시
프라이팬 라구

1판 1쇄 펴냄 2020년 1월 30일

지은이 와카야마 요코
옮긴이 김진아
펴낸이 정현순
편 집 고수인
디자인 전영진

펴낸곳 ㈜북핀
등 록 제2016-000041호.(2016. 6. 3)
주 소 서울시 광진구 천호대로 109길 59
전 화 02-6401-5510   **팩스** 02-6969-9737

ISBN 979-11-87616-76-4 13590
값 13,000원

파본이나 잘못 만들어진 책은 구입하신 곳에서 바꾸어 드립니다.